DEUTSCHES INSTITUT FÜR WIRTSCHAFTSFORSCHUNG

BEITRÄGE ZUR STRUKTURFORSCHUNG   HEFT 91 · 1986

Peter Ring

Regionale Besonderheiten der Preisbildung und Ansätze zur Förderung des Wettbewerbs auf dem Berliner Baustoffmarkt

DUNCKER & HUMBLOT · BERLIN

Graphische Arbeiten von Klaus-Rüdiger Willfarth

D 188
Herausgeber: Deutsches Institut für Wirtschaftsforschung, Königin-Luise-Str. 5, D-1000 Berlin 33
Telefon (0 30) 82 99 10 — Telefax (0 30) 82 99 12 00
BTX-Systemnummer * 2 99 11 #
Verlag Duncker & Humblot GmbH, Dietrich-Schäfer-Weg 9, D-1000 Berlin 41.
Alle Rechte vorbehalten.
Druck: ZIPPEL-Druck, Oranienburger Str. 170, D-1000 Berlin 26.
Printed in Germany.
ISBN 3-428-06112-8

Inhalt

Tabellen im Text

Tabelle

Tabellen im Anhang

Tabelle

Schaubilder

Schaubild

1 Einleitung

1.1 Problemaufriß

Den verfügbaren Informationen zufolge ist Bauen in Berlin erheblich teurer als in den Ballungsräumen des Bundesgebietes. Zwar fehlen genaue Zahlen. Interregionale Vergleiche auf der Basis veranschlagter Baukosten im Wohnungsbau, spartenspezifischer Preisindices sowie einzelner Fallbeispiele lassen jedoch den Schluß zu, daß die Berliner Preise im Durchschnitt um mindestens 20 vH über dem Hamburger Niveau liegen; gegenüber den süddeutschen Wachstumszentren dürfte der Abstand nicht wesentlich geringer sein.

Die überdurchschnittlich hohen Berliner Baupreise beschneiden zunächst die Möglichkeiten der privaten Haushalte zur Bildung von Wohneigentum und verringern insofern zumindest für bestimmte Bevölkerungsgruppen die relative Attraktivität der Stadt. Besonders belastet – und entsprechend eingeschränkt bei der Erfüllung ihrer Aufgaben – sind die öffentlichen Haushalte, aus denen mehr als drei Viertel des regionalen Bauvolumens ganz oder teilweise finanziert werden. Für Bund und Land bedeuten höhere Baupreise zusätzliche Ausgaben nicht nur für die eigenen Bauvorhaben, sondern auch für Investitionszulagen im gewerblichen Bereich und für die Subventionierung des Wohnungsbaus.

Davon einmal abgesehen, beeinflußt das hohe Preisniveau in zunehmendem Maße die Struktur von Bauherrn, Bauausführenden und Bauweisen. Von erheblicher Tragweite für die regionalwirtschaftliche Entwicklung ist dabei insbesondere die räumliche Substitution von Bauleistungen: Zum einen werden verstärkt Baufirmen und Arbeitskräfte aus dem Bundesgebiet, vor allem aus dem konjunkturell benachteiligten Norddeutschland, in die Stadt gezogen; die traditionell hohe Mobilität der Produktionsfaktoren im Bereich der Bauwirtschaft erlaubt dabei auch kurzfristige Engagements. Zum anderen sinkt der Anteil der konventionell errichteten Mauerwerksbauten zugunsten von Fertigteilgebäuden, deren Elemente fast ausschließlich aus dem übrigen Bundesgebiet importiert werden. In beiden Fällen kommt es – zumindest temporär – zu einer Verringerung der Beschäftigungsmöglichkeiten für heimische Arbeitskräfte. Gleichzeitig wird nur ein kleiner Teil der von auswärtigen Unternehmen und Arbeitnehmern erzielten Einkommen wieder in Berlin nachfragewirksam; der weitaus größte Teil fließt aus der Stadt ab, geht also dem regionalen Kreislauf verloren.

Sicherlich auch im Gefolge der Marktöffnung hat sich der Anstieg der Bauleistungspreise abgeschwächt; bei einzelnen Gewerken sind die erzielten Erlöse zuletzt sogar leicht zurückgegangen. Gleichwohl ist der Abstand zum Preisniveau in westdeutschen Ballungsgebieten unvermindert groß. Auch ist es den ansässigen Unternehmen bislang nicht gelungen, die auswärtige Konkurrenz zurückzudrängen. Im Wohnungsbau, wo die "Importquote" besonders hoch ist, werden nach Schätzungen des zuständigen Wirtschaftsverbandes 25 vH bis 30 vH aller Aufträge nach Westdeutschland vergeben.

Zur Begründung verweist die Berliner Bauwirtschaft auf Wettbewerbsnachteile infolge standortspezifischer Kosten und entsprechend geringe Handlungsspielräume. Einmal unterstellt, die Kosten der dauerhaft und mit heimischen Arbeitskräften in Berlin agierenden Unternehmen seien tatsächlich höher als die anderer Firmen innerhalb und außerhalb der Stadt – eine Behauptung, für deren Richtigkeit einiges spricht, die jedoch empirisch nicht hinreichend belegt ist – so bleibt doch die Frage, ob diese Situation primär auf die politisch-geographische Lage Berlins zurückzuführen, also gewissermaßen unabdingbar ist, oder ob nicht vielmehr die spezifischen Nachfrageverhältnisse in der Stadt ausschlaggebend sind. Von der außergewöhnlich guten Baukonjunktur zu Beginn der achtziger Jahre einmal abgesehen läßt vor allem das dichte Geflecht von Subventionen und deren Handhabung vermuten, daß der Preisdruck vieler Bauherren hier relativ gering ist und die Anbieter ihre Preisforderungen generell leichter durchsetzen können als in anderen Städten. Dies gilt dann selbstverständlich nicht allein für die Preise der Bauleistung, sondern auch für die Einkommen der Arbeitnehmer und für die B a u s t o f f p r e i s e, also für die Kosten der Bauunternehmen.

Im Zusammenhang mit der sich abzeichnenden langfristigen Abschwächung der Baunachfrage und den daraus resultierenden Beschäftigungsproblemen kommt der Frage nach den Anpassungsmöglichkeiten der Berliner Bauwirtschaft und damit auch der Frage nach der Beeinflußbarkeit wichtiger Kostenelemente dieses Wirtschaftszweiges wachsende Bedeutung zu.

1.2 Zielsetzung und Aufbau der Untersuchung

Die vorliegende Arbeit setzt sich mit dem Gehalt der These auseinander, die Preise für Baustoffe seien ein wichtiger und unter den geltenden Rahmenbedingungen kaum zu verändernder Bestimmungsfaktor für die hohen Baupreise in Berlin. Sie versteht sich als Beitrag zu einer preisdämpfenden und zugleich beschäftigungssichernden Bau- und Wirtschaftspolitik.

Die Untersuchung besteht aus vier Teilen:

In einem ersten, quantitativ-deskriptiven Teil wird geprüft, ob die Marktpreise für Baustoffe in Berlin sich überhaupt von denen in westdeutschen Großstädten bzw. in den entsprechenden Ballungsgebieten unterscheiden. Die amtliche Statistik kann zur Beantwortung dieser Frage wenig beitragen; hinreichend aussagekräftige Daten liegen nur vereinzelt, in der benötigten sachlichen und räumlichen Gliederung praktisch überhaupt nicht vor. Der Preisvergleich stützt sich daher auf umfangreiche eigene Erhebungen in Berlin sowie in verschiedenen Regionen des übrigen Bundesgebietes.

Im Mittelpunkt des zweiten Teils steht der Versuch, eventuelle interregionale Preisdifferenzen bei einzelnen Baustoffen auf ihre Bestimmungsfaktoren zurückzuführen. Dabei geht es einmal darum, die Bedeutung der Transportkosten für die Preisbildung in den verschiedenen Vergleichsgebieten herauszuarbeiten, also die jeweiligen räumlichen und verkehrlichen Beziehungen zwischen Lagerstätten, Produktionsbetrieben und Verwendern zu analysieren. Zum anderen wird untersucht, ob es Unterschiede in Marktstruktur und Verhalten der Marktteilnehmer zwischen den betrachteten Regionen gibt und inwieweit derartige Unterschiede zur Erklärung von Preisdifferenzen beitragen. Von besonderem Interesse sind in diesem Zusammenhang Einflüsse, die aus der weitgehenden räumlichen Isolierung des Berliner Marktes resultieren.

Ein dritter, eher makroökonomisch ausgerichteter Teil der Arbeit befaßt sich mit den regionalwirtschaftlichen Konsequenzen bestehender Unterschiede im Preisniveau für Baustoffe. Hier soll zunächst die Frage beantwortet werden, wie stark überdurchschnittlich hohe Preise für Baustoffe auf die Preise für Bauleistungen durchschlagen. Dazu werden Modellrechnungen über Umfang und Zusammensetzung des Baustoffverbrauchs durchgeführt. Außerdem wird untersucht, welche Auswirkungen Niveau und Struktur der Baustoffpreise auf Bautechnik, Bauweise und Beschäftigung in Berlin haben.

Auf der Basis von Preisvergleich, Marktanalyse und Wirkungsuntersuchung wird schließlich in einem vierten, instrumentalen Teil diskutiert, inwieweit Änderungen im Marktverhalten der verschiedenen Nachfragergruppen einerseits, wettbewerbs-fördernde regionalpolitische Initiativen andererseits zu einer "Normalisierung" des Baustoff-Preisniveaus in Berlin beitragen können.

2   Baustoffpreise in Berlin und in ausgewählten Regionen des übrigen Bundesgebietes

2.1   Konzeption des Vergleichs

2.1.1   Eingrenzung des Untersuchungsgegenstandes

2.1.1.1 Baustoffe

Baustoffe sind in der vorliegenden Untersuchung alle Rohstoffe, Vorprodukte und Hilfsstoffe, die von den Betrieben des Bauhauptgewerbes – aber nicht nur von ihnen – im Zusammenhang mit der Errichtung von Bauwerken verarbeitet werden. Diese, im Hinblick auf die Verwendung von Datenaggregaten aus der amtlichen Statistik gewählte, weite Abgrenzung impliziert ein breites Spektrum von Waren, das hier nicht erschöpfend analysiert werden kann. Deshalb, aber auch aus methodischen Gründen, beschränkt sich die vorliegende Betrachtung auf solche Baustoffe,

– die aufgrund von Normung oder Typisierung eindeutig definiert sind und als homogen angesehen werden können,

– die direkt oder indirekt (als Vorprodukte für die letztlich am Bau verwendeten Erzeugnisse) einen maßgeblichen Anteil an den Vorleistungen des Rohbaubereichs bzw. einzelner Wirtschaftszweige haben,

– die in mehreren der untersuchten Regionen marktgängig sind.

Diesen Kriterien genügen in jedem Fall

– die mineralischen Baustoffe Sand, Kies und Splitt, Transportbeton, Werkmörtel und bituminöses Mischgut, Ziegel- und Kalksandsteine sowie verschiedene Betonwaren und Granitsteine für den Tiefbau;

– die Walzwerkserzeugnisse Betonstahl, Baustahlgewebe und Profilstahl sowie

– Bauholz.

Zu berücksichtigen ist freilich, daß diese Baustoffe jeweils in verschiedenen Sorten, Qualitäten und Formaten auf dem Markt sind. Herangezogen werden diejenigen Ausführungen, von denen angenommen werden kann, daß sie zumindest in der Mehrzahl der untersuchten Regionen dominieren – zum Beispiel bei Zement die Sorte Portlandzement PZ 35, bei Kies Standardqualität der Körnung 2/32, bei Transportbeton Material der Festigkeitsklasse B 25 und der Konsistenz K 3. Im Bereich der Mauerwerkselemente ist eine für sämtliche Regionen repräsentative Auswahl trotz Normung schwierig, da in den verschiedenen Gebieten unterschiedliche Ausgangsstoffe, Größen und Farben dominieren. Verglichen werden daher mehrere in Berlin als typisch anzusehende Hochlochziegel und Kalksandsteine.

Von den wichtigen Baustoffen sind hier nicht einbezogen:

- Kalk, Gips, Edelsplitt und Brechsand, weil sie ganz überwiegend von der Baustoffindustrie selbst weiterverarbeitet werden,

- Fertigteile aus Stahlbeton und anderen Grundstoffen, weil sie zu heterogen sind,

- durch Recycling von Bauschutt gewonnene Sekundärbaustoffe wie abgesiebter Sand, Betonsplitt und Betonschotter, weil meistens keine Vergleichswerte vorhanden sind.

Diese Baustoffe spielen jedoch im Zusammenhang mit Substitutionsprozessen eine wichtige Rolle und sind daher zumindest in die Überlegungen über die Preisbildung einzubeziehen.

2.1.1.2   Preise

Unterschiede in der Höhe der Baustoffkosten für ein bestimmtes Bauwerk können zurückzuführen sein

- auf Unterschiede in den Preisen für bestimmte Baustoffe und/oder

- auf Unterschiede in Art, Menge und Qualität der verwendeten Baustoffe.

Im vorliegenden Zusammenhang geht es primär um einen Vergleich der Preise für bestimmte einzelne Baustoffe bzw. einer bestimmten Baustoffkombination in verschiedenen Regionen. Unterschiede in der Struktur der Baustoffe und die Konsequenzen für die gesamten Kosten werden nicht untersucht. Dies gilt grundsätzlich auch für die Wirkungen regional begrenzter baurechtlicher Vorschriften auf das Preisniveau. Da es jedoch Anhaltspunkte dafür gibt, daß Abweichungen von der "üblichen Ausführung" gerade in Berlin eine große Rolle spielen (besonders aufwendige Gehwegplatten, dickere Betondecken), soll dieser Aspekt zumindest exemplarisch behandelt werden.

Ein Vergleich der Preise für vergleichbare Produkte in verschiedenen Regionen kann an zwei Meßziffern ansetzen - am Listenpreis (Kalkulationspreis) und am Effektivpreis (Transaktionspreis). Der Listenpreis eines Produkts bezieht sich in der Regel auf kleine Abnahmemengen im Rahmen eines einmaligen Geschäfts. Insofern stellt er einen Plafond dar, der zumindest bei Umsätzen innerhalb der Produktionssphäre fast immer unterschritten wird. Die Höhe des Abschlags, der Rabattsatz, richtet sich sowohl nach dem Auftragsvolumen und der Intensität der Geschäftsbeziehung als auch nach der generellen Marktlage und der Position des Anbieters am Markt.

Im Baustoffbereich werden seit Jahren - nicht zuletzt unter dem Druck von Kapazitätsüberhängen - teilweise ganz erhebliche Preisnachlässe eingeräumt, die bei einzelnen Erzeugnissen und in bestimmten Regionen durchaus 50 vH erreichen können. Abschläge dieser Größenordnung sind nach Ansicht von Branchenkennern möglich, weil die Listenpreise künstlich hochgehalten werden. Derartige Strategiepreise haben ihren kalkulatorischen Bezug (Kosten + üblicher Deckungsbeitrag) und damit ihre Leitfunktion verloren; sie stellen mithin auch keine geeignete Basis für die Untersuchung der hier aufgeworfenen Fragen dar. Zugrundegelegt werden daher diejenigen Preise, die von den Unternehmen effektiv - das heißt nach Abzug sämtlicher Rabatte - bezahlt werden. In den erhobenen Preisen enthalten sind auch die Frachten (ohne Mindermengenzuschläge und Kleinwasserzuschläge) bis zum Verwendungsort; die ausgewiesenen Werte entsprechen mithin in der Regel den Anschaffungskosten.

Dabei geht es hier ausschließlich um die für die Unternehmen des Baugewerbes geltenden Preise. Dieser Hinweis ist wichtig, weil eine ganze Reihe von Baustoffen wie Kies, Zement, Beton auf mehreren Stufen der Produktion als Vorprodukte für andere, weiter veredelte Baustoffe eingesetzt werden und dabei häufig billiger sind als am Bau. Derartige Preisdifferenzen sind nicht allein Folge unterschiedlicher Abnahmemengen, sondern auch darin begründet, daß die Weiterverarbeiter regelmäßig verkehrsgünstiger liegen, und insofern geringere Transport- und Umschlagskosten entstehen.

2.1.1.3 Vergleichsgebiete

Die grundsätzlichen Probleme interregionaler Vergleiche (vgl. B. DIECKMANN 1970, O. BOUSTEDT 1975) - vor allem die Schwierigkeit, durchgehend ähnlich strukturierte

Vergleichsgebiete zu finden bzw. unterschiedliche regionale Einflüsse auf den Untersuchungsgegenstand zu erkennen und zu isolieren – werden bei einem Vergleich zwischen Berlin und westdeutschen Ballungsräumen durch die atypische Situation der Stadt verstärkt.

Davon einmal abgesehen und gemessen an anderen wichtigen Rahmenbedingungen dürfte Hamburg am ehesten für einen Vergleich mit Berlin in Frage kommen: Bauvolumen und Baustoffmarkt liegen in der gleichen Größenordnung; beide Städte haben traditionell verwandte Bauweisen und Lohnsysteme, sind bei wichtigen Baustoffen auf überregionale Bezüge angewiesen, eignen sich aufgrund ähnlicher Verwaltungsstrukturen für eine vergleichende Betrachtung von Praxis und Wirkungen der öffentlichen Auftragsvergabe und sind schließlich als Stadtstaaten statistisch am besten erschlossen. Die Gegenüberstellung Hamburg–Berlin steht daher im Mittelpunkt der Analyse.

Daneben soll allerdings eine Reihe weiterer westdeutscher Regionen – wenn auch mit unterschiedlicher Intensität – betrachtet werden. Dabei handelt es sich

- um die Hauptballungsgebiete Köln, Hannover, Frankfurt, Stuttgart und München bzw. deren Zentren, wobei zumindest Stuttgart und München als Hochpreisgebiete anzusehen sind (vgl. RING DEUTSCHER MAKLER 1985),

- um das niedersächsisch-hessische Zonenrandgebiet mit den Städten Braunschweig, Göttingen, Kassel und Fulda – einen Raum, in dem eine größere Zahl in Berlin sporadisch tätiger Bauunternehmen angesiedelt ist.

2.1.2 Informationsbasis

2.1.2.1 Auswertung vorhandener Quellen

Im Rahmen der amtlichen Statistik werden weder Listenpreise noch Marktpreise für Baustoffe erhoben. Gewisse Anhaltspunkte vermittelt zwar die vierteljährliche Produktionsstatistik im verarbeitenden Gewerbe, die Angaben über produzierte Mengen und erzielte Erlöse der Hersteller enthält und damit die Berechnung von Durchschnittspreisen erlaubt. Die Aussagekraft dieser Werte ist jedoch begrenzt, und zwar aus mehreren Gründen:

- Den erhobenen Daten liegen Ab-Werk-Preise zugrunde. Die gerade bei Steinen und Erden zu Buche schlagenden Aufschläge für Transport, Umschlag und Handel sind nicht enthalten.

- In den ausgewiesenen Warengruppen sind Erzeugnisse unterschiedlicher Beschaffenheit - zum Beispiel Portlandzemente verschiedener Festigkeiten - zusammengefaßt. Differenzen zwischen den durchschnittlichen Erlösen in den jeweiligen Referenzgebieten können mithin auch eine Folge differierender Produktstrukturen sein.

- Die Statistik beschränkt sich grundsätzlich auf Betriebe mit im allgemeinen 20 und mehr Beschäftigten. Da in mehreren Zweigen der Steine- und Erden-Industrie kleine und kleinste Firmen dominieren, sind die amtlichen Daten vielfach nicht repräsentativ. Dies gilt selbst für diejenigen Fachzweige, bei denen die Abschneidegrenze über das übliche Maß hinaus gesenkt wurde und der Berichtskreis alle Betriebe mit 10 und mehr Beschäftigten umfaßt (Gewinnung von Natursteinen, Gewinnung von Sand und Kies, Herstellung von Transportbeton).

- Aus den Durchschnittserlösen der Hersteller in den Bundesländern - räumlich tiefer gegliederte Angaben liegen nicht vor - können nur bedingt Aussagen über die Preise in den hier betrachteten Ballungsgebieten abgeleitet werden. Dies gilt in besonderem Maße für Berlin: Der überwiegende Teil der verbrauchten Baustoffe wird aus anderen Regionen bezogen; für die in der Stadt selbst hergestellten Produkte sind wegen der meist geringen Zahl von Produktionsbetrieben keine Daten veröffentlicht.

Auch die vielfach von regionalen oder lokalen Behörden geführten Preiskataster haben für die vorliegende Untersuchung nur begrenzten Erkenntniswert. Zwar sind diese Statistiken sachlich wie räumlich meist ausreichend tief gegliedert; dabei vermittelt insbesondere die bei der SENATSVERWALTUNG FÜR BAU- UND WOHNUNGS-WESEN in Berlin erstellte Übersicht einen differenzierten Einblick in die Preisstruktur. Die Daten orientieren sich jedoch regelmäßig an den Preislisten der Anbieter, geben also deren maximale Forderungen wieder. Außerdem enthalten sie häufig keine Transportkosten.

Unterschiedliche Aussagekraft haben die statistischen Angaben der Wirtschafts-verbände. Einmal davon abgesehen, daß diese Daten wegen des teilweise geringen Organisationsgrades und sich überlappender Verbandszuständigkeiten generell nicht immer als repräsentativ angesehen werden können, sind die veröffentlichten Zahlen speziell für die vorliegende Fragestellung meist von geringer Relevanz. Immerhin gibt es verschiedentlich (etwa BUNDESVERBAND TRANSPORTBETONINDUSTRIE 1983) interessante Hinweise auf die räumliche Struktur der erzielten Durchschnittspreise.

Nur wenige, wenngleich wichtige Informationen zum Thema befinden sich schließlich in der wissenschaftlichen Literatur. Diejenigen Arbeiten, die sich mit Problemen der Preisbildung auf konkreten regionalen Baustoffmärkten auseinandersetzen, konzen-trieren sich auf den Bereich der oberflächennahen Rohstoffe und dort auf die Situa-tion im Erzeugerbereich (K. FLECKENSTEIN und K. HOCHSTRATE 1981, E. GLÄSSER und K. VOSSEN 1982, K. GREFERMANN 1981b, V. STEIN 1981) oder basieren auf in-zwischen veralteten Daten (LAHMEYER GMBH 1977, L. RALL und S. WIED-NEBBE-LING 1977). Analysen für den Berliner Raum sind überhaupt nicht bekannt.

Insgesamt gesehen können die vorhandenen Zahlen und sonstigen Informationen für den Preisvergleich nicht mehr als ein grober Bezugsrahmen sein.

2.1.2.2 Eigene Erhebungen

In Anbetracht der insgesamt geringen Verwertungsmöglichkeiten des vorhandenen primär- und sekundärstatistischen Materials können Erkenntnisse über das Niveau der Baustoffpreise nur über spezielle Untersuchungen auf mikroökonomischer Basis ge-wonnen werden. Von schematisierten Erhebungen sind allerdings wegen der brisanten Fragestellung und der daraus resultierenden begrenzten Auskunftsbereitschaft der

Marktteilnehmer keine hinreichend zuverlässigen Ergebnisse zu erwarten. Hier wurde daher mit einem mehrstufigen Validierungsverfahren im Sinne der Delphi-Methode (vgl. H. BÜNING et al 1981) gearbeitet: Aussagen einer Gruppe von Marktteilnehmern wurden durch Rückkopplung mit den Aussagen anderer Gruppen auf ihre Gültigkeit überprüft, Abweichungen in den jeweiligen Aussagen durch Gespräche mit Kontrahenten und Mitbewerbern so weit wie möglich korrigiert.

In der ersten Runde der Erhebung wurden Unternehmen des Bauhauptgewerbes als Nachfrager auf der letzten Stufe des Baustoffmarktes persönlich befragt. Diese Aktion zielte im Bereich des Hochbaus auf Informationen über Einzelpreise und Gesamtausgaben für 15 Baustoffe, die beim Rohbau eines vorgegebenen, an einem konkreten Berliner Projekt orientierten Wohngebäudes verbraucht werden (vgl. Formblatt, Anhang I). Im Interesse möglichst unverzerrter Vergleichswerte, und um Anhaltspunkte über den Einfluß unterschiedlicher Abnahmemengen auf die Höhe des Marktpreises zu gewinnen, war das Modellbauwerk in der für das jeweilige Unternehmen typischen Größenordnung – bei gleicher Baustoffstruktur – zu kalkulieren. Für den Tiefbau und die dort verwendeten Materialien war eine derart gewichtete Betrachtung nicht möglich; erhoben und verglichen wurden in diesem Wirtschaftszweig ausschließlich Preise für einzelne Baustoffe.

Bei rund einem Drittel aller Fälle war es möglich, die Zusammenstellung der erfragten Daten persönlich zu verfolgen und firmenspezifische Dokumente wie Rechnungen, Auftragserteilungen, Lieferscheine und Preiskarteien einzusehen. Zwei Drittel der Befragten antworteten auf schriftlichem Wege.

In einer zweiten Befragungsrunde wurden Unternehmen der Baustoffindustrie und des Baustoffhandels als Anbieter (teilweise zugleich auch als Nachfrager) von Baustoffen, Firmen des Transportgewerbes sowie überbetriebliche Experten in den Prozeß der Informationsgewinnung einbezogen. Ihre Aussagen, die teilweise ebenfalls sehr detailliert und im Rahmen von Dokumentenanalysen unmittelbar nachvollziehbar waren, wurden den Angaben der Baufirmen gegenübergestellt. Dabei ergab sich in der Regel bereits eine ziemlich gute Übereinstimmung der verschiedenen Aussagen. Verbleibende Differenzen konnten schließlich in einer dritten Gesprächsrunde mit den jeweils beteiligten Gruppen fast durchweg aufgeklärt werden.

Die Basis-Interviews, die anhand eines einheitlichen Fragenkatalogs, aber ohne förmliche Festlegung des Gesprächsablaufs geführt wurden, sowie sämtliche Folgegespräche dienten selbstverständlich nicht allein der Ermittlung von Preisen. Ebenso wichtig war es, Angaben über die Beschaffenheit der einzelnen Märkte aus der Sicht der verschiedenen Gesprächspartner – in der Regel Inhaber, Geschäftsführer und/oder Einkaufs- bzw. Verkaufsleiter – und damit Anhaltspunkte für die später durchzuführende Ursachenanalyse zu bekommen.

Es liegt auf der Hand, daß bei dem differenzierten Verfahren der Informationsgewinnung und -kontrolle nur ein kleiner Teil aller am Baustoffmarkt agierenden Unternehmen in die Untersuchung einbezogen werden kann; dies gilt vor allem für die Nachfrageseite. Insofern hängt die Qualität der Durchschnittsaussagen wesentlich von der Repräsentativität der befragten Einheiten ab. Da hochrechnungsfähige Zufallsstichproben aus verschiedenen Gründen nicht durchzuführen waren, wurde die "repräsentative" Struktur der Unternehmen – zumindest in Berlin und in Hamburg – in Anlehnung an das Quotenverfahren ermittelt, wobei als Quotierungsmerkmale Größenklasse und Produktionsausrichtung herangezogen wurden. Innerhalb der einzelnen Segmente wurden letztlich solche Firmen ausgewählt, die nach den verfügbaren Informationen als typisch für die entsprechende Unternehmensgruppe angesehen werden können. Diese Einschätzung beruht dabei weniger auf objektiven Tatbeständen, als vielmehr auf Branchenkenntnis und Erfahrung. Insofern enthält das Auswahlverfahren eine gewisse "informierte Willkür".

Insgesamt haben 148 Unternehmen, die direkt als Nachfrager oder Anbieter auf dem Baustoffmarkt agieren, an der Erhebung teilgenommen. Von diesen Unternehmen sind 55 in Berlin, 93 in Westdeutschland ansässig.

Im einzelnen handelt es sich um

- 85 Bauunternehmen, davon 30 aus Berlin und 55 aus dem Bundesgebiet,

- 34 Baustoffproduzenten, davon 13 aus Berlin und 21 aus dem Bundesgebiet,

- 29 Baustoffhändler, davon 12 aus Berlin und 17 aus dem Bundesgebiet.

Außerdem wurden 66 überbetriebliche Experten – Verbandsvertreter, Fachleute aus Bau- und Wirtschaftsbehörden, aus geologischen Landesämtern und wissenschaftlichen Instituten sowie Architekten – in die Diskussion einbezogen.

Die ausgewiesenen Marktpreise beziehen sich auf das Jahr 1983. Versuche, die Querschnittsbetrachtung für diesen Zeitraum in eine längerfristige Analyse einzubetten, waren nur vereinzelt erfolgreich. Die Mehrzahl der befragten Unternehmen war nicht bereit oder in der Lage, zuverlässige Angaben über Menge, Güterstruktur und Preise der verwendeten Baustoffe in weiter zurückliegenden Perioden zu machen. 1983 – genauer, das Sommerhalbjahr 1983 – ist allerdings für einen interregionalen Vergleich auch besser geeignet als die vorangegangenen Jahre, weil die Baukonjunktur in Berlin und in den meisten westdeutschen Regionen zu dieser Zeit nach einer Phase divergierender Entwicklung weitgehend parallel verlief, damit aber Preisunterschiede wieder stärker durch strukturelle Faktoren zu erklären sind.

Gleichwohl verbleibt ein Maßstabsproblem. Die Frage, ob die Berliner Preise dauerhaft überhöht und/oder die Preise der Referenzgebiete ruinös und deshalb nur kurzfristig gültig sind, läßt sich ohne eine sorgfältige Analyse der jeweiligen Differenzen nicht beantworten. Um möglichst zu verhindern, daß die auf dem Berliner Markt erzielten Erlöse an nicht auskömmlichen Preisen westdeutscher Vergleichsmärkte gemessen und entsprechend bewertet werden, sind Referenzpreise, die als Kampfpreise identifiziert werden konnten, nicht berücksichtigt bzw. auf das als üblich bezeichnete Niveau korrigiert worden.

2.2   Ergebnisse des Vergleichs

2.2.1 Baustoffe für den Hochbau

Die Marktpreise für Massenbaustoffe liegen in Berlin fast durchweg über dem westdeutschen Niveau (Tabellen 1 und 2). Die Preisdifferenzen sind allerdings bei den
einzelnen Produkten außerordentlich unterschiedlich und schwanken überdies von
Region zu Region – eine Erscheinung, die in einem späteren Teil der Untersuchung
auf ihre Ursachen zurückgeführt werden soll.

Nach der Höhe des Preisabstandes können die betrachteten Baustoffe in vier
Gruppen eingeteilt werden:

● Extrem teuer sind in Berlin Z u s c h l a g s t o f f e , T r a n s p o r t b e t o n ,
  M ö r t e l .

Eine Tonne S i e b k i e s 2/32 zum Beispiel kostete Mitte 1983 in der Stadt frei
Baustelle geliefert 33 DM, annähernd drei Viertel mehr als im Durchschnitt der betrachteten westdeutschen Großstädte. Besonders ausgeprägt ist der "Preisvorsprung" Berlins gegenüber den kiesreichen Städten Köln und München. Aber auch
im Vergleich mit Hamburg und Stuttgart – zwei Gebieten, die keine nennens-
werten eigenen Rohstoffvorkommen haben – ist das Produkt in Berlin um 50 vH
teurer.

Insgesamt etwas günstiger als bei der Körnung ist die Situation beim Grund-
material: Die Preise für B e t o n s a n d (gesiebter und gewaschener Sand 0/2)
liegen in Berlin um etwa ein Drittel über dem westdeutschen Niveau. Diese
Durchschnittsbetrachtung verdeckt allerdings gravierende Unterschiede in den regionalen Preisdifferenzen, die von +/– 0 im Vergleich mit Stuttgart bis + 90 vH
gegenüber Hamburg reichen.

T r a n s p o r t b e t o n   – ein Baustoff, dessen Anteil am Materialeinsatz im
Hochbau mehr als 25 vH beträgt und dessen Preis daher entscheidende Bedeutung für die Gesamtkosten hat – wird in der dominierenden Festigkeitsklasse B 25
in Berlin zu durchschnittlich 155 DM je cbm verkauft. In den untersuchten
Ballungszentren des Bundesgebietes dagegen werden – vom Stuttgarter Raum
einmal abgesehen – durchweg lediglich Preise um 100 DM je cbm erzielt: Hier

muß also für das gleiche Gut etwa die Hälfte mehr bezahlt werden als dort. Stichproben weisen darauf hin, daß dieser relative Preisabstand auch für Betone anderer Festigkeitsklassen gilt.

Nur begrenzt vergleichbar sind die Preise für W e r k m ö r t e l. Während sich in weiten Teilen des Bundesgebietes im Verlauf der vergangenen Jahre der regelmäßig von Transportbetonwerken gefertigte und in Mischfahrzeugen gelieferte Werk-Frischmörtel – in verschiedenen Regionen, vor allem in Süddeutschland, auch der vor Ort genäßte Werk-Trockenmörtel – durchgesetzt hat, wird in Berlin fast ausschließlich mit Werk-Vormörtel gearbeitet. Ihm muß in der Regel auf der Baustelle noch Zement und Wasser zugegeben werden. Wegen des höheren Vorfertigungsgrades und eines entsprechend geringeren Arbeitseinsatzes am Bau liegen aber die Preise für Frisch- und Trockenmörtel erheblich über dem für Vormörtel. Immerhin ergibt ein Vergleich zwischen Berlin und den norddeutschen Städten Hamburg und Hannover, wo traditionell ebenfalls – wenngleich mit abnehmender Bedeutung – Vormörtel verarbeitet wird, daß Mörtel der relativ teuerste Baustoff in Berlin ist. Bezogen auf das Niveau der westdeutschen Vergleichsgebiete beträgt die regionale Preisdifferenz zwischen 70 vH und 90 vH.

● Mäßig wenngleich signifikant höher als in Westdeutschland sind die Berliner Preise für S t a b s t a h l, B a u s t a h l g e w e b e, Z e m e n t   u n d   M a u e r s t e i n e. Diese Produkte kosten hier zwischen 7 und 14 vH mehr als im Mittel der betrachteten Ballungszentren. Bei der Interpretation der Durchschnittsergebnisse sind allerdings folgende Punkte zu beachten:

– Die Berliner Preise für B e t o n s t a h l sind bereits um den gezahlten Transportkostenzuschuß[1] in Höhe von 40 DM/t gekürzt. Außerdem handelt es sich um unbearbeitetes Material. Nach Berücksichtigung von Schneiden und Biegen – lohnintensiven Tätigkeiten, die teilweise von den Bauunternehmen selbst, teilweise von Spezialbetrieben ausgeführt werden – vergrößert sich der Preisabstand zwischen Berlin und den Vergleichsgebieten.

– Der ausgewiesene Durchschnittspreis für Z e m e n t PZ 35 F stellt einen Mittelwert aus den Preisen für DDR-Zement und Zement aus der Bundesrepublik dar, wobei entsprechend den Bezugsrelationen ein Verbrauchsverhältnis von 1:1 unterstellt ist. Der Preis für westliche Ware liegt in Berlin um gut 20 vH über dem Niveau der Vergleichsgebiete.

- Die interregionalen Preisdifferenzen bei M a u e r s t e i n e n sind außerordentlich verschieden. P o r o t o n - S t e i n e kosten in der Stadt kaum mehr als in Hamburg oder in Stuttgart; gegenüber München dagegen ist der Preisvorsprung mit etwa 25 vH ziemlich ausgeprägt. Tendenziell umgekehrt sind die Verhältnisse bei den in Berlin dominierenden K a l k s a n d - s t e i n e n . Sie sind hier nur wenig teurer als in den süddeutschen Städten, im Vergleich mit Stuttgart (sowie mit anderen südwestdeutschen Ballungsgebieten) sogar billiger. Gemessen an den norddeutschen Verhältnissen ist das Berliner Preisniveau dagegen enorm hoch; der Abstand ist gegenüber Hamburg auf mehr als 20 vH, gegenüber Hannover sogar auf rund 40 vH zu veranschlagen.

o Keine größeren interregionalen Preisunterschiede bestehen bei P r o f i l s t a h l und B a u h o l z . Dabei muß wiederum berücksichtigt werden, daß die Frachthilfe für Walzwerkerzeugnisse - sie beträgt bei Profilstahl 80 DM/t - auf den Preis angerechnet ist. Auch verschiedene andere Baustoffe wie I s o l i e r g l a s und D a c h p a p p e , beides Produkte, die in Berlin hergestellt werden, kosten nach Angaben der verbrauchenden Unternehmen hier nicht wesentlich mehr als in anderen Großstädten.

o Meist billiger als in Westdeutschland ist in Berlin G r u b e n s a n d . Mit 11 DM/t frei Baustelle liegt der Preis in der Stadt um mehr als ein Fünftel unter dem Durchschnitt der Vergleichsgebiete; lediglich in Hamburg und Hannover wird das Berliner Niveau noch unterboten.

Eine Kalkulation der gesamten B a u s t o f f k o s t e n f ü r d a s M u s t e r b a u w e r k in den einzelnen Regionen auf der Basis der jeweiligen Preise ergibt, daß die benötigten Materialien (ohne Mörtel) in Berlin rund 20 vH mehr kosten als im Durchschnitt der Vergleichsgebiete. Diese Relation gilt für alle drei vorgegebenen Mengengerüste; wesentliche regionale Unterschiede in der Struktur der Mengenrabatte können daher aus der vorliegenden Untersuchung nicht abgeleitet werden.

Im einzelnen betragen die Mehrausgaben in Berlin

gegenüber	ohne Mörtel	einschl. Mörtel
Hannover	+ 25 vH	+ 27 vH
München	+ 20 vH	.
Köln	+ 19 vH	.
Frankfurt	+ 19 vH	.
Hamburg	+ 18 vH	+ 20 vH
Stuttgart	+ 10 vH	.

Im Vergleich mit dem mittleren Zonenrandgebiet sind die Baustoffe in der Stadt ebenfalls um annähernd 20 vH teurer.

Um Mißverständnissen vorzubeugen: Die gemessenen Kostendifferenzen gelten nur für eine ganz bestimmte, an Berliner Verhältnissen orientierte Baustoffkombination und bedeuten nicht zwangsläufig, daß ein Gebäude ähnlicher Zweckbestimmung und Größenordnung in den Vergleichsgebieten um die ausgewiesenen Prozentsätze billiger errichtet wird. Dies mag für Hamburg und Hannover gelten. In München hat dagegen der dort günstigere Ziegelstein einen höheren Anteil am Materialverbrauch als in dem Musterbauwerk veranschlagt; der vor allem im Gebiet des Mittelrheins produzierte, auch in der Vergleichsregion Köln häufig verwendete Bimsstein ist hier überhaupt nicht verglichen. Würden derartige Unterschiede in die Modellrechnungen einbezogen, wären die Mehrausgaben in Berlin zumindest gegenüber diesen beiden Städten noch größer als ausgewiesen.

Tabelle 1

Von Unternehmen des Bauhauptgewerbes
effektiv bezahlte Preise[1] für ausgewählte Baustoffe im Bereich des Hochbaus
DM/Einheit; Jahresmitte 1983

Baustoff	Einheit	Berlin	Ballungszentren des Bundesgebietes							Westliches Zonenrand-gebiet[2]
			Hamburg	Köln	Hannover	Frankfurt	Stuttgart	München	Durch-schnitt	
Stahl[3]										
Stabstahl III K 10 mm [4]	t	790	750	710	720	740	740	770	740	750
Gewebe Q 131 L	t	1 070	1 020	970	980	1 000	970	1 030	990	1 000
Profilstahl NP 14	t	1 160	1 150	1 080	1 100	1 200	1 150	1 200	1 150	1 150
Zement										
PZ 35 F (Sack)	t	165[5]	150	135	140	140	150	150	145	135
PZ 35 F (Silo)	t	150[6]	135	.	130	.	135	.	.	125
Zuschläge für Beton u. Mörtel										
Siebkies 2/32	t	33	22	16	19	18	21	16	19	18
Siebkies 0/2[7]	t	21	11	15	12	17	21	16	15	.
Grubensand	t	11	10	13	10	16	20	15	14	.
Transportbeton B 25-K3-PZ 35F	cbm	155	100	95	100	90	115	100	100	115
Werk-Vormörtel										
Mauermörtel	cbm	59	35	-	31	-	-	-	.	-
Putzmörtel	cbm	63	37	-	35	-	-	-	.	-
Mauerwerkselemente										
Porotonsteine 6/10 DF Hlz	1000 St	2 420	2 300	2 300	2 230	2 150	2 400	1 890	2 210	1 950
Porotonsteine 6/12 DF Hlz	1000 St	3 000	2 950	2 900	2 710	2 690	3 000	2 410	2 780	2 400
Kalksandsteine KSL 12/2 DF[8]	1000 St	360	290	310	250	340	380	350	320	320
Kalksandsteine KSL 12/3 DF[8]	1000 St	540	445	470	390	520	600	520	490	480
Kalksandsteine KSL 20/3 DF[8]	1000 St	700	610	615	540	620	760	680	640	.
Holz										
Kantholz 10/10	cbm	270	275	260	260	290	270	260	270	270
Betonschalung 24/4,0	cbm	250	280	240	240	250	260	220	250	270
Schaltafeln K 50/150	qm	14	16	14	12	15	20	22	17	14

1) Ohne Mehrwertsteuer, nach Abzug von Rabatten und frei Bau abgeladen.- 2) Braunschweig, Göttingen, Kassel, Fulda.- 3) Nach Berücksichtigung der Frachthilfe aus der Ausgleichskasse West-Berlin.- 4) Unbearbeitet.- 5) 50 vH West-Zement (175 DM/t) und 50 vH Ost-Zement (155 DM/t).- 6) 50 vH West-Zement (160 DM/t) und 50 vH Ost-Zement (140 DM/t).- 7) Nicht gesiebt.- 8) Unverpackt.
Quelle: Eigene Berechnungen und Schätzungen auf der Basis von Unternehmensangaben.

Tabelle 2   Regionale Preisdifferenzen bei ausgewählten Baustoffen im Bereich des Hochbaus

In Berlin lagen die effektiv bezahlten Preise [1] Mitte 1983 um ...... vH über (+) bzw. unter (−) denen folgender Vergleichsgebiete:

Baustoff	Ballungszentren des Bundesgebietes							Westliches Zonenrandgebiet [2]
	Hamburg	Köln	Hannover	Frankfurt	Stuttgart	München	Durchschnitt	
Stahl [3]								
Stabstahl III K 10 mm [4]	+ 5	+ 11	+ 10	+ 7	+ 7	+ 3	+ 7	+ 5
Gewebe Q 131 L	+ 5	+ 10	+ 9	+ 7	+ 10	+ 4	+ 8	+ 7
Profilstahl NP 14	+ 1	+ 7	+ 5	− 3	+ 1	− 3	+ 1	+ 1
Zement								
PZ 35 F (Sack)	+ 10	+ 22	+ 18	+ 18	+ 10	+ 10	+ 14	+ 22
PZ 35 F (Silo)	+ 11	.	+ 15	.	+ 11	.	.	+ 20
Zuschläge für Beton u. Mörtel								
Siebkies 2/32	+ 50	+ 106	+ 74	+ 83	+ 57	+ 106	+ 74	+ 83
Siebkies 0/2 [7]	+ 90	+ 40	+ 75	+ 24	0	+ 31	+ 40	.
Grubensand	+ 10	− 15	+ 10	− 31	− 45	− 27	− 21	.
Transportbeton B 25−K3 − PZ 35 F	+ 55	+ 63	+ 55	+ 72	+ 35	+ 55	+ 55	+ 35
Werk−Vormörtel								
Mauermörtel	+ 69	−	+ 90	−	−	−	.	−
Putzmörtel	+ 70	−	+ 80	−	−	−	.	−
Mauerwerkselemente								
Porotonsteine 6/10 DF Hlz	+ 5	+ 5	+ 9	+ 13	+ 1	+ 28	+ 10	+ 24
Porotonsteine 6/12 DF Hlz	+ 2	+ 3	+ 11	+ 12	0	+ 24	+ 8	+ 25
Kalksandsteine KSL 12/2 DF [8]	+ 24	+ 16	+ 44	+ 6	− 5	+ 3	+ 13	+ 13
Kalksandsteine KSL 12/3 DF [8]	+ 21	+ 15	+ 38	+ 4	− 10	+ 4	+ 10	+ 11
Kalksandsteine KSL 20/3 DF [8]	+ 15	+ 14	+ 30	+ 13	− 8	+ 3	+ 9	.
Holz								
Kantholz 10/10	− 2	+ 4	+ 4	− 7	0	+ 4	0	0
Betonschalung 24/4,0	− 11	+ 4	+ 4	0	− 4	+ 14	0	− 7
Schaltafeln K 50/150	− 12	0	+ 17	− 7	− 30	− 36	− 18	0

1) Ohne Mehrwertsteuer, nach Abzug von Rabatten und frei Bau abgeladen.− 2) Braunschweig, Göttingen, Kassel, Fulda.− 3) Nach Berücksichtigung der Frachthilfe aus der Ausgleichskasse West−Berlin.− 4) Unbearbeitet.− 5) 50 vH West−Zement (175 DM/t) und 50 vH Ost−Zement (155 DM/t).− 6) 50 vH West−Zement (160 DM/t) und 50 vH Ost−Zement (140 DM/t).− 7) Nicht gesiebt.− 8) Unverpackt.
Quelle: Eigene Berechnungen und Schätzungen auf der Basis von Unternehmensangaben.

2.2.2 Baustoffe für den Tiefbau

Ein großer Teil der für Hochbaumaßnahmen benötigten Baustoffe wird – wenngleich häufig in anderer Form und Qualität – auch im Bereich des Tiefbaus eingesetzt: Profilstahl für Brücken, Kiesbeton für U-Bahn-Anlagen, Zement und Sand für die Tragschichtvermörtelung. Insoweit dürften sich die interregionalen Preisrelationen im Tiefbau kaum von denen im Hochbau unterscheiden.

Die ausschließlich oder zumindest überwiegend im Tief- bzw. im Straßenbau verarbeiteten Baustoffe – gebrochene Natursteine, Splittbeton, Bituminöse Baustoffe sowie Betonwaren wie Verbundsteine und Schachtringe – können im Rahmen der vorliegenden Arbeit nicht in der gleichen räumlichen Differenzierung untersucht werden wie die Baustoffe des Hochbaus. Immerhin weisen partielle Vergleiche darauf hin, daß die Preisdifferenzen zu Lasten Berlins hier nicht geringer sind als dort. Dies gilt in jedem Falle gegenüber Hamburg und Hannover:

- Am höchsten ist der Preisabstand bei den Massenrohstoffen aus Felsgestein. S c h o t t e r , S p l i t t und B r e c h s a n d kosten in Berlin zwischen 40 vH und 100 vH mehr als in den beiden norddeutschen Vergleichsstädten. Dabei sinkt der (relative) Preisabstand mit steigendem Wert des Produkts; beispielsweise ist er bei Edelsplitt lediglich etwa halb so groß wie bei einfach gebrochenem Splitt.

- Weniger stark ausgeprägt als bei den Zuschlagstoffen und zugleich geringer als bei Kiesbeton ist die Preisdifferenz zwischen Berlin einerseits, Hamburg und Hannover andererseits bei den Veredelungsprodukten S p l i t t b e t o n (etwa + 35 vH) und B i t u m i n ö s e s M i s c h g u t (etwa + 25 vH). Die im Vergleich mit Kiesbeton günstige Position Berlins bei diesen beiden Baustoffen dürfte nicht zuletzt darauf zurückzuführen sein, daß sie einen verhältnismäßig großen Prozentsatz höherwertiger Bestandteile (Zement bzw. Bitumen) enthalten, deren Preise nicht in so entscheidendem Maße durch die (berlinspezifischen) Transportkosten bestimmt werden wie die der anderen Basisbaustoffe.

Im Bereich der b i t u m i n ö s e n S t r a ß e n b a u s t o f f e verdeckt der Durchschnittswert allerdings ganz erheblich Unterschiede zwischen den produktspezifischen Preisdifferenzen. So liegen die Berliner Preise für die splitt- und sand-intensiven, billigeren T r a g - und B i n d e r s c h i c h t e n um 25 vH bis 40 vH über denen in den zwei anderen Städten. Die Preise für hochwertigen

Gußasphalt – eine vor allem in Berlin häufig verwendete Deckschicht mit überdurchschnittlichem Bitumengehalt – sind dagegen in den drei Vergleichsgebieten nahezu identisch.

● Außerordentlich unterschiedlich sind die interregionalen Preisrelationen bei B e t o n w a r e n (Tabelle 3). Grundsätzlich gilt, daß auch auf diesem Sektor für sämtliche Produkte hier deutlich mehr bezahlt werden muß als anderswo, und daß der Preisvorsprung Berlins mit Betongehalt und Spezifizierung der Erzeugnisse zunimmt.

- Rechteckpflaster und Verbundsteine ohne besondere farbliche Gestaltung (Grau–Ware) kosten um 10 vH bis 20 vH mehr als in Hamburg bzw. Hannover. Die Vergleichswerte sind allerdings durch Qualitätsunterschiede verzerrt: Während im Bundesgebiet ausschließlich Kernbetonsteine verwendet werden, handelt es sich bei den in Berlin eingesetzten, überwiegend aus der DDR und aus eigener Produktion stammenden Steinen um Vorsatzsteine mit regelmäßig geringerer Lebensdauer.

- Buntgeflammte Betonsteine, ungeschliffene Gehwegplatten oder Bordsteine sind in Berlin um mindestens ein Drittel teurer als in den beiden norddeutschen Städten. Dabei ist noch nicht berücksichtigt, daß in den Vergleichsgebieten ausschließlich ungeschliffene, in Berlin dagegen fast nur geschliffene Gehwegplatten verwendet werden. Deren Preis aber liegt – bedingt vor allem durch die kleineren Serien und die lohnintensive Produktionsweise – nochmals um mehr als die Hälfte (1983: um 10 DM/qm) über dem ohnehin hohen Preis für die Normalausführung. Die Preisdifferenz zwischen den tatsächlich eingesetzten Materialien beträgt demnach rund 120 vH.

Die enormen Aufwendungen für Gehwegbeläge in Berlin kommen auch bei einer Gegenüberstellung der Durchschnittspreise für die bauwirtschaftliche Leistung "Liefern und Verlegen von Gehwegplatten" zum Ausdruck: Im Mittel des Jahres 1983 wurden von öffentlichen Auftraggebern in Berlin 60 DM/qm, in Hamburg dagegen lediglich 30 DM/qm – also die Hälfte – für entsprechende Arbeiten bezahlt.

In diesem Zusammenhang ist darauf hinzuweisen, daß Begrenzungssteine (Kantensteine), die im Rahmen öffentlicher Bauvorhaben verwendet werden, in Berlin grundsätzlich eine Stärke von 6 cm haben müssen. In Hamburg, aber auch in den meisten anderen westdeutschen Regionen, sind derartige Steine bislang lediglich 5 cm dick. Dieser Unterschied bedeutet ein Sechstel zusätzliche Masse, was bei den überdurchschnittlich hohen Berliner Betonpreisen in entscheidendem Maße dazu beiträgt, daß die verwendeten Steine hier doppelt so viel kosten wie zum Beispiel in Hamburg.

Tabelle 3

Von Unternehmen des Bauhauptgewerbes
effektiv bezahlte Preise[1] für ausgewählte, im Straßenbau
verwendete Betonwaren und Granitelemente

Jahresmitte 1983

	Einheit	Berlin	Hamburg	Mehrpreis in Berlin
		DM/Einheit		in vH
1. Betonwaren				
Bordsteine 18/30 (zweischichtig)				
ungewaschen	m	17,--	12,50	+ 36
gewaschen	m	20,--	.	.
Gehwegplatten grau				
ungeschliffen	qm	17,50	12,50	+ 40
geschliffen	qm	27,50	.	.
Kantensteine grau	m	(4,30)[2]	(2,20)[3]	(+ 95)
Rechteckpflaster				
10 x 20 x 6cm/grau	qm	14,--	12,50	+ 12
10 x 20 x 8 cm/grau	qm	15,50	13,--	+ 19
10 x 20 x 8cm/ rot/buntgeflammt	qm	19,50	14,--	+ 39
Betonverbundsteine (Behaton) 8 cm				
grau	qm	14,--	12,--	+ 17
weiß	qm	44,--	34,--	+ 29
2. Granit				
Bordsteine A 3	m	51,--	43,--	+ 19
Kleinpflaster portugiesisch 9/11	t	215,--	180,--	+ 19

1) Ohne Mehrwertsteuer, nach Abzug von Rabatten und frei Bau abgeladen.- 2) 6 cm dick.-
3) 5 cm dick.

Quelle: Eigene Erhebungen.

3   Elemente der Preisbildung bei mineralischen Massenbaustoffen im interregio-
     nalen Vergleich

3.1   Untersuchungsansatz

Regional differierende Preise für das gleiche Produkt können sowohl auf Unterschiede in den Kosten für Raumüberwindung und/oder Fertigung als auch auf unterschiedliche Gewinnspannen der jeweiligen Anbieter zurückzuführen sein. Überdurchschnittliche Kapitalrenditen werden unter den Voraussetzungen des Wettbewerbs-
modells durch die Marktkräfte abgebaut. Geschieht dies nicht, übersteigen also die in
einer bestimmten Region erzielten Gewinne dauerhaft das produktübliche Niveau, so
ist davon auszugehen, daß einerseits die Intensität des Preiswettbewerbs innerhalb
der Region vergleichsweise gering ist, andererseits der Zugang zu dem entsprechenden Regionalmarkt (stärker als anderswo) eingeschränkt ist und deshalb keine
zusätzlichen - angebotsvergrößernden und damit tendenziell preis- und gewinnsen-
kenden - Anbieter auftreten.

Umgekehrt kann allerdings aus der Tatsache, daß keine überdurchschnittlichen Gewinne erzielt werden, regionale Preisdifferentiale also durch unterschiedliche Kosten
zu erklären sind, noch nicht auf gleiche Wettbewerbsintensität geschlossen werden.
Wirtschaftliche Macht erleichtert nämlich häufig die Überwälzung von Kostensteigerungen und verringert damit den Zwang zur Innovation von Produktionsverfahren und
Produkten oder zur Erschließung neuer Beschaffungsmärkte. Auf diese Weise bleiben
auch unwirtschaftliche Betriebe am Markt, überholte Strukturen werden konserviert.
Davon abgesehen stellen die Kosten der Anbieter wiederum Preise dar, die auf den
vorgelagerten Märkten ausgehandelt werden und ebenso wie die der folgenden Stufe
vergleichsweise hohe Gewinne enthalten können.

Hier soll mit Hilfe eines zweistufigen Untersuchungsansatzes versucht werden,
Gründe für die Unterschiede in den Baustoffpreisen Berlins und westdeutscher
Ballungsgebiete zu identifizieren.

Zunächst - und dieser Schritt dient insbesondere dazu, den Einfluß der räumlichen
Bedingungen auf das Preisniveau abzugreifen - soll die S t r u k t u r d e r
P r e i s e nach den verschiedenen Stufen des Wertschöpfungsprozesses bzw. die
Kostenstruktur einzelner Produkte transparent gemacht werden. Dazu sind die

Marktpreise der einzelnen Baustoffe in ihre funktionalen Komponenten – Herstellung, Transport und Verteilung – zu zerlegen und die wesentlichen regionalen Differenzen herauszuarbeiten. Dies ist bei den vielfältigen Verflechtungen nur exemplarisch und überdies lediglich überschlägig möglich.

In einem weiteren Untersuchungsschritt ist dann der Frage nachzugehen, ob es Unterschiede in den W e t t b e w e r b s v e r h ä l t n i s s e n der verglichenen Regionen gibt, die für die Preisbildung relevant und damit für die differierenden Preise mit ursächlich sind.

Als maßgebliche Determinanten für die Wettbewerbsverhältnisse sollen die Struktur-daten der jeweiligen Märkte angesehen werden (vgl. MONOPOLKOMMISSION 1978, Tz. 622 und 1982, Tz. 470). Dazu gehören insbesondere

- Zahl und Größenverteilung von Anbietern und Nachfragern (Marktform),

- Grad der Produktdifferenzierung,

- Höhe der Marktzutrittsschranken und damit Relevanz der potentiellen Kon-kurrenz,

- Entwicklungsphase des Marktes und Preiselastizität der Nachfrage bzw. Kapazi-tätsauslastung.

Die Marktstruktur begrenzt – zusammen mit den rechtlichen und institutionellen Rah-menbedingungen – die Entscheidungs- und Handlungsspielräume der Marktteilneh-mer, prägt Art und Intensität des Einsatzes der Wettbewerbsparameter (Preis, Investi-tionen, Vertrieb, Service) und ist von wesentlicher Bedeutung für die Wirksamkeit von Kooperationen und Absprachen mit bzw. zwischen (potentiellen) Wettbewerbern.

Zwar beeinflußt das Marktverhalten – vor allem in frühen Marktphasen – seinerseits auch die Marktstruktur: Marktprozesse können daher nicht generell im Rahmen fest-gelegter marktstruktureller Daten erklärt werden (vgl. F. KAUFER 1980, S. 275). Im Rahmen der vorliegenden Querschnittsuntersuchung geht es jedoch um eine Interpre-tation konkreter, zeitpunktbezogener Marktergebnisse. Insofern – und da es sich, wie noch zu zeigen sein wird, um ausgereifte Märkte handelt – ist von der verhaltensprä-genden Rolle der Marktstrukturen auszugehen.

Im folgenden werden – nach einer generellen Betrachtung des Baustoffmarktes – ausgewählte Teilmärkte, also Märkte für bestimmte Baustoffe, die aus der Sicht der Nachfrager kurzfristig eine hohe Substituierbarkeit besitzen (sachlich relevante Märkte), analysiert. Sie unterscheiden sich vielfach weniger in der Struktur der Nachfrager als in der Struktur der Anbieter. Im Mittelpunkt der vorliegenden Arbeit steht deshalb die Untersuchung der Angebotsseite. Dabei führen einzelne Beobachtungen zu der Hypothese, daß es als Folge der räumlichen Isolierung Berlins überdurchschnittlich hohe Zugangsschranken zum regionalen Baustoffmarkt gibt und daß diese Hemmnisse eine Konzentration des Angebots fördern, die vor allem auf den stagnierenden oder rückläufigen Märkten zu einer hohen Interdependenz der Preis- und Investitionspolitik führt.

Grundsätzlich steigt die Intensität des Wettbewerbs zwischen den Anbietern auf einem Markt mit zunehmender Konzentration und fortschreitender Marktentwicklung. Gleichzeitig nimmt jedoch die Einsicht der Marktteilnehmer in die Reaktionsverbundenheit zu. Diejenigen Wettbewerbsparameter, deren beabsichtigte Wirkung durch gleichgerichtete Reaktionen der Konkurrenten neutralisiert werden könnten, werden "eingefroren". Dieser Wirkungszusammenhang wird im allgemeinen zuerst beim Preis erkannt: er scheidet daher auch zuerst als offensiver Wettbewerbsparameter aus (vgl. E. HEUSS 1965, S. 63 ff).

So ist bei einer isoliert vorgenommenen Preiserhöhung (für ein eingeführtes Produkt), die nicht in allgemeinen Kostensteigerungen begründet ist, zu befürchten, daß die Wettbewerber nicht mitziehen und dadurch Marktanteile verloren gehen. Andererseits würde eine Preissenkung mit dem Ziel, die eigene Marktposition zu verbessern, auf oligopolistisch strukturierten Märkten vermutlich zu einem parallelen Verhalten der Konkurrenten führen. Es käme zu einer Verringerung des Preisniveaus, bei der auf ausgereiften bzw. stagnierenden Märkten regelmäßig geringen Preiselastizität der Nachfrage aber kaum zu einer Ausweitung der Absatzmenge (bzw. des individuellen Marktanteils).

Einsicht in die oligopolistische Interdependenz und pessimistische Einschätzung der Nachfrageelastizität (vgl. S. WIED-NEBBELING 1984, S. 126 ff) verstärken die Bemühungen der Unternehmen, eine für alle ungünstige, gewinnsenkende Entwicklung nicht allein durch (nicht abgestimmtes) Parallelverhalten, sondern auch durch marktsichernde Maßnahmen zu verhindern. Dazu gehört einmal die Beschränkung des wirksamen Wettbewerbs durch vertragliche Absprachen, zum anderen die Behinderung des potentiellen Wettbewerbs durch Errichtung von Marktzutrittsschranken.

Von rechtlich begründeten Zutrittsschranken einmal abgesehen, geht es dabei vor allem um

- betriebsgrößenbedingte Effizienzvorteile (economies of scale),

- absolute Kostennachteile und Produktdifferenzierung,

- Beschränkungen des Zugangs zu den Beschaffungs- oder Absatzmärkten,

- Ausschaltung der Substitutionskonkurrenz.

Die für eine Charakterisierung der Marktstrukturen in Berlin und in westdeutschen Ballungsgebieten und damit für eine empirische Überprüfung der Arbeitshypothese erforderlichen quantitativen Informationen liegen allerdings im Rahmen der verfügbaren Datensysteme ebenso wenig vor wie hinreichende Informationen über die Kostenstrukturen. Die relevanten Daten der amtlichen Statistik

- sind entweder nur als Durchschnittswerte für das gesamte Bundesgebiet verfügbar und lassen sich wegen teilweise gravierender Unterschiede in den regionalen Verhältnissen nicht bzw. nur in Ausnahmefällen für kleinräumliche Betrachtungen heranziehen (Material- und Wareneingangserhebung im Baugewerbe),

- oder liegen zwar in regionalisierter Form vor, sind jedoch wegen des eingeschränkten Berichtskreises (Produktionsstatistik im verarbeitenden Gewerbe), wegen geringer Repräsentation der Stichprobe (Großhandelsberichterstattung) bzw. wegen nicht ausreichender Disaggregation der erhobenen Merkmale (Güterverkehrsstatistik, Kostenstrukturerhebung im verarbeitenden Gewerbe) ergänzungsbedürftig.

In dieser Situation müssen sich Berechnungen und Schlußfolgerungen vor allem auf Angaben einzelner Marktteilnehmer stützen. Deren Auskunftsbereitschaft ist aus naheliegenden Gründen begrenzt. Verschiedentlich können unternehmensspezifische Informationen nicht explizit verwendet werden, da die entsprechenden Unternehmen unter den wenigen Anbietern leicht zu identifizieren wären. Insofern bleibt die Darstellung z w a n g s l ä u f i g   k u r s o r i s c h und für die verschiedenen analysierten Märkte unterschiedlich detailliert.

Die Untersuchung beschränkt sich auf mineralische Massenbaustoffe; Holz und Stahl bleiben außer Betracht. Einmal davon abgesehen, daß die festgestellten interregionalen Preisunterschiede bei diesen beiden Produktgruppen gering sind, gibt es zusätzliche Gründe für die Einengung des Untersuchungsgegenstandes:

- Holz und Stahl werden in der Regel über einen Spezialhandel abgesetzt. Baustoffhandel im Sinne der Statistik ist im wesentlichen Handel mit mineralischen Baustoffen.

- Der Anteil von Holz am Materialverbrauch der Bauwirtschaft ist zumindest in den Ballungsgebieten ziemlich gering. Die wirtschaftspolitisch relevanten Erkenntnisse einer gesonderten Marktuntersuchung stünden vermutlich in keinem vernünftigen Verhältnis zum Aufwand.

- Beim Stahlmarkt handelt es sich um einen durch staatliche Interventionen gekennzeichneten, administrativ gesteuerten Markt. Die Preise sind durch Preisveröffentlichungspflicht, Orientierungs- und Mindestpreise (diese entsprechen meist den Marktpreisen) sowie durch das Frachtbasispreissystem als Instrument zur Koordination des räumlichen Wettbewerbs, die Mengen durch Vorgabe von Erzeugungsquoten festgelegt und haben damit ihre Funktion als Wettbewerbsparameter der anbietenden Unternehmen verloren; eine Produktdifferenzierung scheidet bei durchgehender Normierung ebenfalls aus (vgl. dazu P. OBERENDER 1984, S. 19 ff).

Im Hinblick auf das Erkenntnisziel, aber auch aus statistisch-methodischen Gründen werden die betrachteten Baustoffe in zwei Gruppen gegliedert,

- in Baustoffe, die in Berlin nicht gewonnen oder produziert, in der Regel jedoch weiterverarbeitet werden (Kies, Sand, Splitt, Zement). Die Untersuchung dieser "Basisbaustoffe" setzt beim Baustoffhandel an; im Mittelpunkt steht dabei die Frage, in welchem Maße die (überregionalen) Transportkosten die regionalen Preise beeinflussen;

- in Baustoffe, die in Berlin - meist aus den importierten Basisbaustoffen - hergestellt werden (Transportbeton, Bituminöses Mischgut, Kalksandsteine, Mörtel). Bei ihnen sind die Eingangsfrachten Teil des Materialverbrauchs. Wichtig für die vergleichende Analyse ist daher vor allem die Relation zwischen den Vorleistungskosten und der im Zuge des Produktionsprozesses hinzugefügten Wertschöpfung.

3.2 Produktspezifische Preisdeterminanten

Mineralische Baustoffe haben trotz des breitgefächerten, vom Massenrohstoff Kies bis zum konstruktiven Fertigteilelement reichenden Produktspektrums verschiedene gemeinsame Merkmale (vgl. H.J. REITZIG 1979, Sp. 1900 f, U.-E. DORSTEWITZ 1977, S. 12 ff):

-   Aufgrund ihres regelmäßig geringen gewichtsbezogenen Produktionswertes sind mineralische Baustoffe äußerst transportkostenempfindlich.

-   Die Produktion mineralischer Baustoffe ist häufig mit Brenn- und Härtungsvor- gängen verbunden und damit sehr energieintensiv[2]. Der Anteil der Energiekosten am Bruttoproduktionswert beträgt im Durchschnitt der Steine- und Erden-Industrie rund 11 vH und ist damit fast doppelt so hoch wie im gesamten Grundstoff- und Produktionsgütersektor.

-   Viele mineralische Baustoffe sind zugleich Endpunkte für die Bauwirtschaft und Vorprodukte bei der Herstellung anderer Baustoffe (Schaubild 1). Der Aufberei- tungs- und Veredelungsprozeß innerhalb der Steine- und Erden-Industrie vollzieht sich häufig in mehreren eigenständigen Produktionsstufen. Die intrasektorale gütermäßige Verflechtung ist außerordentlich hoch; von anderen Branchen werden im wesentlichen nur Verkehrsleistungen und Energie als Inputs bezogen.

-   Die meisten mineralischen Baustoffe sind aus wirtschaftlichen, teilweise auch aus technischen Gründen nur begrenzt lagerfähig. Durch die ausgeprägten saisonalen und witterungsbedingten Schwankungen der Bauproduktion, aber auch als Folge der Konjunkturanfälligkeit der Bauwirtschaft als Hauptabnehmer kommt es zu überdurchschnittlichen – bei dem relativ hohen Kapitalkoeffizienten der Branche entsprechend kostenrelevanten – Schwankungen in der Auslastung der Pro- duktionsanlagen.

-   Beim überwiegenden Teil der mineralischen Baustoffe handelt es sich um tech- nisch ausgereifte und aufgrund detaillierter Normierung weitgehend homogene Massengüter. Die Möglichkeiten der Hersteller zur Produktdifferenzierung (zum Beispiel Poroton, Unipor und Thermopor als Marken für porosierte Ziegel, die sich lediglich durch das Porosierungsmittel unterscheiden) sind gering.

Schaubild 1   Ein Beispiel für mehrstufige
                     Produktionsprozesse im Bereich der
                     Steine- und Erden-Industrie

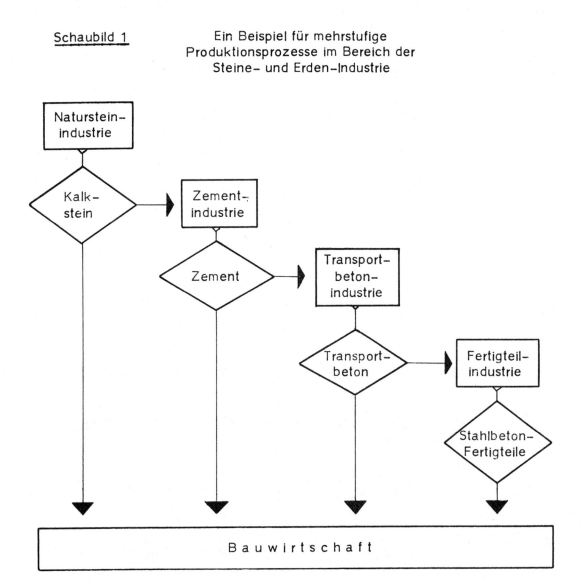

Diese Besonderheiten mineralischer Baustoffe haben spezifische Kostenstrukturen zur Folge und beeinflussen in starkem Maße Zusammensetzung und Marktverhalten der Anbieter auf den verschiedenen Stufen des Wertschöpfungsprozesses.

Auf der Ebene der P r o d u k t i o n hat die hohe Transportkostenempfindlichkeit der Erzeugnisse eine starke räumliche Dispersion der Abbau- und Verarbeitungs- stätten zur Folge. Gewinnungsbetriebe siedeln sich - soweit entsprechende Lager- stätten vorhanden sind - möglichst nahe an den Absatzgebieten an. Die einzelwirt- schaftliche Standortoptimierung wird allerdings in zunehmendem Maße durch örtliche Abbauverbote im Zusammenhang mit (außerökonomischen) Zielsetzungen der Raum- ordnungspolitik "gestört". Weiterverarbeitende Industrien orientieren sich häufig an den vorgelagerten Betrieben. Bei ihnen hängt der kostenminimale Standort jedoch -

zumindest wenn die Ausgangsprodukte während des Fertigungsprozesses nicht wesentlich an Gewicht verlieren - auch von der räumlichen Struktur des Absatzgebietes und von der Nachfragedichte ab (vgl. H.J. MÜLLER 1976, S. 163 ff).

Bei der weit entwickelten funktionellen Austauschbarkeit der Erzeugnisse und einer vergleichsweise geringen Innovationsrate mit entsprechend niedrigen Kapitalrenditen wird der Wettbewerb in den meisten Branchen der Steine- und Erden-Industrie über den Preis ausgetragen. Zahl und Struktur der Anbieter sind daher für die Preisbildung von besonderer Bedeutung. Eine nach Größenklassen differenzierende Betrachtung zeigt, daß die Industrie der Steine und Erden insgesamt weit stärker als andere Industriebereiche durch Kleinbetriebe geprägt ist; sie gilt darüber hinaus als mittelständisch strukturiert. Nach den Untersuchungen der MONOPOLKOMMISSION (1984, S. 37 f und 255 f) ist die Unternehmenskonzentration in der Steine- und Erden-Industrie in der Tat relativ gering - und zwar sowohl auf der Basis von Gütergruppen als auch auf der Basis von Wirtschaftszweigen[3]. Hohe Konzentrationswerte weisen von den hier betrachteten Baustoffen lediglich Kalk, Gips und Zement auf. Bei Kies, Ziegeln und Kalksandsteinen sowie bei Transportbeton und Betonerzeugnissen für den Tiefbau ist die Konzentration dagegen sehr niedrig.

Zur Beurteilung der Wettbewerbsverhältnisse auf den einzelnen Märkten reichen diese Aussagen allerdings nicht aus, und zwar aus mehreren Gründen:

- Zunächst wird die Konzentration aus statistischen Gründen an rechtlichen, nicht an wirtschaftlichen Unternehmenseinheiten gemessen. Kapitalverflechtungen bleiben mithin unberücksichtigt. Sie spielen jedoch intrasektoral sowohl auf horizontaler Ebene - zum Beispiel innerhalb der Zementindustrie, im Natursteinbereich sowie bei den Herstellern von Bituminösem Mischgut - als auch auf vertikaler Ebene - zum Beispiel zwischen Zementunternehmen und Unternehmen der Transportbeton-Industrie sowie zwischen diesen und Unternehmen der Kieswirtschaft - eine wesentliche Rolle (vgl. L. RALL und S. WIED-NEBBELING 1977, S. 19 ff; K. GREFERMANN 1981a, S. 16). Unmittelbare wettbewerbliche Wirkungen sind von horizontalen Beteiligungen zu erwarten. "Denn nach aller wirtschaftlichen Erfahrung dienen Kapitalbeteiligungen von Wettbewerbern untereinander dem Ziel, zumindest mitbestimmenden Einfluß auf das unternehmerische Verhalten zu nehmen" (BUNDESKARTELLAMT 1983, S. 22). Gleichzeitige personelle Verflechtungen erleichtern aufgrund größerer Möglichkeiten zum Informationsaustauch und zur informellen Verhaltensabstimmung Beschränkungen des Wettbewerbs. Mittelbar können jedoch auch vertikale Beteiligungen den Wettbewerb beeinträchtigen, indem potentiellen Konkurrenten der Zutritt zum Markt durch Behinderung auf der vor- oder nachgelagerten Marktstufe (vor allem durch Diskriminierung bei Belieferung oder Absatz) erschwert bzw. verwehrt wird.

- Darüber hinaus sagt eine geringere Konzentration auf volkswirtschaftlicher Ebene noch nichts über die Marktstruktur auf regionaler Ebene aus. Dies gilt zumindest für die Wirtschaftszweige mit engmaschigem Betriebsstätten-Netz und hoher Frachtkostenbelastung der Produkte. Bei ihnen bedeutet die "auflockernde Wirkung höherer Transportkosten ... eine Verringerung der Konkurrenz im Raum, da die Märkte kleiner und die Produzenten bis zu einem gewissen Grade gegeneinander "transportkostengeschützt" werden" (E. LAUSCHMANN 1976, S. 37).

- Schließlich sind gerade in der Steine- und Erden-Industrie wettbewerbsbeschränkende Vereinbarungen zwischen rechtlich selbständigen Unternehmen von besonderer Bedeutung. Solche - offene oder stillschweigende - Kooperationen haben unterschiedliche Ziele; in der Regel geht es jedoch darum, den Preis als primären Aktionsparameter auf Märkten für homogene Massengüter auszuschalten und so die vor allem bei stagnierendem oder schrumpfendem Gesamtabsatz bestehende Gefahr eines ruinösen Wettbewerbs zu vermindern.

Diese Zielsetzung liegt insbesondere den sogenannten Mittelstandskartellen nach § 5b des Gesetzes gegen Wettbewerbsbeschränkungen (GWB) zugrunde. Auf sie entfielen 1982 mehr als 50 von 73 legalisierten Kooperationen im Bereich der Steine- und Erden-Industrie, das war zugleich die Hälfte aller derartigen Kartelle in der Bundesrepublik (vgl. BUNDESKARTELLAMT 1983, S. 7 und S. 198 ff). Besonders kooperationsfreudig sind dabei Unternehmen aus dem Kies- und Naturstein-Bereich sowie aus der Kalksandstein- und der Ziegelindustrie. Mittelstandskartelle - meist als Vertriebsgemeinschaften oder Verkaufskontore organisiert - sollen die Leistungsfähigkeit kleiner und mittlerer Unternehmen erhöhen und dadurch wettbewerbsstärkend wirken. Sie werden nur dann genehmigt, wenn der Marktanteil der kooperierenden Unternehmen eine gewisse Obergrenze (bei Vereinbarungen, die auch Preisregelungen enthalten: 15 vH) nicht übersteigt. Gleichwohl kann es - zumindest auf Regionalmärkten und für eine vorübergehende Periode - zu erheblichen Beeinträchtigungen des Wettbewerbs kommen

- durch Überschreiten des zulässigen Marktanteils, durch zu großzügige Abgrenzung des sachlich und räumlich relevanten Marktes, durch Verflechtung mehrerer Kooperationsgruppen oder durch Verlust des mittelständischen Charakters infolge Übernahme von Kartellmitgliedern durch Großunternehmen (vgl. BUNDES-KARTELLAMT 1983, S. 8).

Der Transport mineralischer Baustoffe wird zum größten Teil über Kurz-strecken abgewickelt: Im Durchschnitt des Bundesgebietes entfallen 90 vH des Verkehrsaufkommens auf den Straßengüternahverkehr (Tabelle 4); die durchschnitt-liche Entfernung aller Baustofftransporte beträgt 34 km und liegt damit deutlich unter der mittleren Beförderungsdistanz der übrigen Gütergruppen. Dennoch ist der Anteil der Transportkosten an den Marktpreisen der Baustoffe ungewöhnlich hoch. Dies ist sicherlich in erster Linie auf das ungünstige produktspezifische Wert-Gewicht-Ver-hältnis zurückzuführen. Hinzu kommt jedoch, daß die meisten veredelten Baustoffe aufgrund der räumlichen Trennung der einzelnen Produktionsstufen bereits innerhalb der Steine- und Erden-Industrie mehrmals umgeschlagen werden, bevor sie - teil-weise noch über Handelsläger - zu den Bauunternehmen transportiert werden.

Eigenen Schätzungen zufolge ist der Anteil der kumulierten Transportkosten an den Einstandspreisen der Bauwirtschaft im Durchschnitt der mengenmäßig wichtigen mineralischen Baustoffe auf mindestens 25 vH zu veranschlagen. Dieser Mittelwert wird auch bei höherwertigen Gütern kaum unterschritten; die Transportkosten-belastung einfacher Schüttgüter ist dagegen fast durchweg erheblich höher. Daraus folgt, daß Transportentfernung, Ausbauzustand der verkehrlichen Infrastruktur (Straße, Schiene, Wasserweg), räumliche Dichte des belieferten Marktes sowie Höhe und Struktur der Frachttarife von entscheidender Bedeutung für Kosten und Preis-bildung im Baustoffsektor sind.

Bemerkenswert ist in diesem Zusammenhang, daß mehr als die Hälfte aller Straßen-transporte von mineralischen Baustoffen im Werksverkehr abgewickelt wird (Ta-belle 4). Da die Kosten des Werksverkehrs vor allem infolge relativ geringer Aus-lastung der Kapazitäten - meist fehlen Rückfrachten - in der Regel höher sind als die Kosten des gewerblichen Güterverkehrs, ist dieser hohe Anteil letztlich nur durch zu hohe Frachtsätze im staatlich regulierten Güterverkehrsgewerbe zu erklären (vgl. dazu H.ST. SEIDENFUS 1984, S. 16 ff). Eine vergleichsweise geringe Bedeutung - Eggert et al schätzen den Anteil bei allerdings erheblichen regionalen Unterschieden auf 10 vH (vgl. P. EGGERT, J. PRIEM und E. WETTIG 1985, S. 4-157) - hat der Werksverkehr in der Binnenschiffahrt, dem wichtigsten Verkehrsträger beim überregionalen Transport von Steinen und Erden. Hier dürften die hohen Investitions- und Betriebskosten sowie teilweise erhebliche Minus-Margen in den Tarifsystemen bremsend wirken.

Tabelle 4

Innerhalb des Bundesgebietes beförderte
Steine- und Erden-Erzeugnisse[1]
1982 nach Verkehrsbereichen

Verkehrsbereich	Verkehrsleistung		Verkehrsaufkommen		Ø Transportweite
	Mrd. tkm	Struktur in vH	Mill. t	Struktur in vH	km
Eisenbahnen	3,9	8,5	24	1,8	160
Binnenschiffahrt	12,4	27,4	66	5,0	190
Straßengüterfernverkehr	11,3	24,9	54	4,0	208
davon:					
Gewerblicher Verkehr[2]	7,1	15,6	27	2,0	263
Werkverkehr	4,2	9,3	27	2,0	154
Straßengüternahverkehr	17,8	39,2	1 195	89,2	15
davon:					
Gewerblicher Verkehr	7,9	17,4	459	34,2	17
Werkverkehr	9,9	21,8	736	54,9	13
Insgesamt	45,4	100,0	1 339	100,0	34

1) Einschließlich Glas; ohne Transportbeton.- 2) Einschließlich 6 Mill. t durch ausländische Lkw beförderte Erzeugnisse.

Quellen: Bundesministerium für Verkehr, Bonn; Berechnungen und Schätzungen des DIW.

Die D i s t r i b u t i o n von Baustoffen liegt mehr als die anderer Produkte des Grundstoff- und Produktionsgüterbereichs in den Händen des institutionellen Groß- handels, dessen Position sich überdies intertemporal verbessert: Nach Unter- suchungen des ifo-Instituts wurden Mitte der sechziger Jahre etwa die Hälfte (vgl. E. GREIPL und E. SINGER 1978, S. 20), zu Beginn dieses Jahrzehnts dagegen knapp drei Fünftel (vgl. E. BATZER, J. LACHNER u.a. 1984, S. 450) aller mineralischen Baustoffe über den Handel abgesetzt. Die verstärkte Einschaltung des Großhandels in den Vertrieb dürfte einmal damit zusammenhängen, daß die Industrie eine gleich- mäßigere Auslastung ihrer Kapazitäten anstrebt und dazu den Handel als Nachfrage- puffer braucht. Hinzu kommen Bestrebungen der Hersteller, den Preiswettbewerb durch eine gewisse Produktdifferenzierung aufzuweichen und diese im Rahmen von Exklusiv- und Alleinvertriebsrechten zur Geltung zu bringen. Schließlich spielt wohl auch die Veränderung der Kundenstruktur – neben die gewerblichen Abnehmer treten zunehmend private Käufer – eine Rolle[4].

Bei den einzelnen Baustoffen ist die Einschaltung des Handels unterschiedlich ausge- prägt:

- Generell nur über den Handel abgesetzt werden Gasbetonsteine, Poroton-Ziegel und Betonwaren,

- keinen eindeutigen Schwerpunkt im Absatzweg gibt es bei Transportbeton und Frischmörtel,

- überwiegend vom Hersteller direkt verkauft werden Kies, Sand, Splitt und bitu- minöses Mischgut.

Die Stärkung der Großhandelsposition innerhalb der Distributionsebene ist begleitet von einem erheblichen Konzentrationsprozeß: Im Süden der Bundesrepublik haben die Waren- und Kreditgenossenschaften (BayWa, WLZ), im Westen und Norden vor allem die Veba-Töchter Stinnes und Raab-Karcher einen überwiegend preispolitisch ausgerichteten Verdrängungswettbewerb betrieben und ihre Marktanteile nicht zuletzt durch Aufkäufe von Unternehmen deutlich erhöht (vgl. E. GREIPL und E. SINGER 1978, S. 36). Der Wettbewerbsvorteil dieser Unternehmen liegt dabei allerdings nicht allein im preislichen Bereich, sondern auch in den günstigeren Finanzierungsmöglich- keiten – ein Aktionsparameter, der bei offenbar zunehmender Bedeutung der Kreditierungsfunktion des Großhandels verstärkt eingesetzt wird. Der traditionelle

Baustoffhandel versucht, Wettbewerbsnachteile gegenüber den Konzernunternehmen durch verstärkten Einsatz des wettbewerbspolitischen Instrumentariums (Lieferfähigkeit und Lieferbereitschaft, Service und Beratung, Sortimentsbreite), aber auch durch kapitalmäßige und kooperative Integration in einen Verbund zu verringern (vgl. E. BATZER, J. LACHNER u.a. 1984, S. 452 f).

Das Angebot an Baustoffen trifft auf eine N a c h f r a g e , die durchweg aus der Nachfrage nach Bauten abgeleitet ist, deren Struktur sich jedoch aufgrund der Mehrstufigkeit der Märkte (Weiterverarbeiter, Handel, Bauwirtschaft, Private) nicht generell typisieren läßt. Auf der Ebene der Endabnehmer, also der Bauunternehmen, dürften jedenfalls - auch in regionaler Sicht - polypsonistische Strukturen vorherrschend sein.

Insgesamt - bezogen auf alle Produkte und auf die Volkswirtschaft - ist die Nachfrage nach Baustoffen rückläufig (vgl. P. EGGERT, J. PRIEM und E. WETTIG 1985, S. 9-32 ff). Diese Entwicklung ist vor allem in einer generellen Abschwächung der Bautätigkeit begründet, hängt daneben aber auch mit der Verlagerung vom baustoffintensiven Neubau zur arbeitsintensiven Modernisierung vorhandener Bauten zusammen und ist insofern als strukturell und längerfristig wirksam einzuschätzen. Aus diesem Grunde - sowie wegen des regelmäßig geringen Anteils einzelner Baustoffe an den Baukosten - ist die Preiselastizität der Nachfrage nach Massenbaustoffen durchweg gering.

Nicht generell zu beantworten ist demgegenüber die Frage nach der Kreuzpreiselastizität, also danach, wie die Nachfrage nach einem Baustoff auf Änderungen des Preises für ein Substitutionsprodukt reagiert. Eine ganze Reihe von Massenrohstoffen und deren Veredelungsprodukte hat keine bzw. keine direkten Substitutionsstoffe. So ist Zement ein limitationaler Baustoff für die Herstellung von Beton. Beton allerdings kann durch Stahl und Glas, durch Ziegel oder Kalksandstein ersetzt werden. Damit stellen diese Baustoffe indirekte Substitutionsprodukte für Zement dar (vgl. K. FLECKENSTEIN und K. HOCHSTRATE 1981, S. 4). Erhebliche Preisunterschiede auf der Ebene weiterverarbeitender Baustoffe können mithin durchaus auch Rückwirkungen auf die vorgelagerten Produkte - in diesem Falle Zement - haben.

3.3   Besonderheiten des Berliner Marktes

3.3.1   Nachfrage nach Baustoffen

Die Nachfrage nach mineralischen Massenbaustoffen ist eng verknüpft mit der Nachfrage nach Rohbauleistungen. Diese hat in Berlin seit 1978 fast ununterbrochen
expandiert – eine Entwicklung, die vor allem auf die kräftige Ausweitung der Investitionstätigkeit im (öffentlichen) Hochbau zurückzuführen ist; weitgehend unverändert
blieb dagegen die Nachfrage im Bereich des Tiefbaus (Schaubild 2). Im Vergleich mit
dem Bundesgebiet verläuft die Bautätigkeit in Berlin seit Ende der siebziger Jahre
durchweg lebhafter. Besonders ausgeprägt ist dabei die Entwicklungsdiskrepanz
gegenüber der nördlichen Hälfte der Volkswirtschaft, wo die Produktion des
Bauhauptgewerbes stark zurückgeht (vgl. J.A. HÜBENER 1984 a, S. 426).

Im Zusammenhang mit der vergleichsweise günstigen Entwicklung der Baunachfrage
dürften auch die Verhandlungsspielräume auf dem Berliner Baustoffmarkt tendenziell
geringer sein als in weiten Teilen des westdeutschen Wirtschaftsraumes. Die Bedeutung der konjunkturellen Komponente für das aktuelle Preisniveau in der Stadt – und
damit für die festgestellten interregionalen Preisdifferenzen – darf jedoch nicht über-
schätzt werden. Zwar weisen die verfügbaren Daten darauf hin, daß die Preise
einiger wichtiger Baustoffe – ebenso wie die Baupreise selbst – in den letzten Jahren
hier schneller gestiegen sind als im Durchschnitt des Bundesgebietes; dort sind sie
teilweise sogar zurückgegangen. Dafür hatte Berlin jedoch während des Einbruchs
der Wohnungsbaunachfrage 1978/79 verhältnismäßig geringe Preiserhöhungen zu
verzeichnen. Exemplarische Untersuchungen zeigen jedenfalls, daß der Abstand der
Baustoffpreise gegenüber einzelnen Vergleichsgebieten Mitte der siebziger Jahre
nicht wesentlich geringer war als 1983 (vgl. dazu auch SCHOTT-INSTITUT 1972,
S. 57 Anm. 3).

Können mithin regionale Unterschiede in der Entwicklung der Baunachfrage wohl nur
einen kleinen Teil der interregionalen Preisdifferenzen erklären, so dürften Unterschiede in der Nachfragestruktur und im Marktverhalten der Nachfrager durchaus von
Bedeutung sein.

Nachfrager auf dem Baustoffmarkt sind vor allem Unternehmen des Bauhauptgewerbes, einem Wirtschaftszweig mit traditionell hohem Anteil kleiner und kleinster
Firmen. In Berlin haben zum Beispiel rund 1 100 Betriebe, das sind drei Viertel aller

Schaubild 2

Entwicklung der Bruttoproduktion [1]
des Bauhauptgewerbes in Berlin (West)
und in der Bundesrepublik Deutschland [2]

1974 = 100

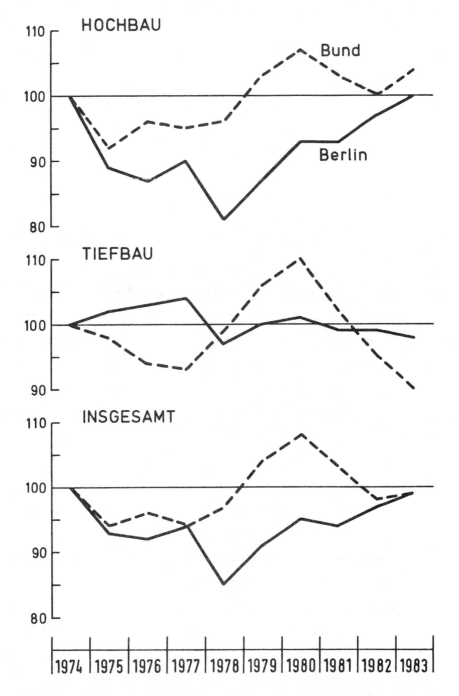

1) *Real; in Berlin (West) zu Preisen von 1976, In der Bundesrepublik zu Preisen von 1970.* — 2) *Einschl. Berlin (West).*
Quellen: Statistisches Landesamt Berlin; DIW.

Arbeitsstätten der Branche, weniger als 20 Beschäftigte. Daraus resultiert zunächst eine starke Zersplitterung der Nachfrage; die mittlere Kundenzahl im Baustoffhandel ist mit gut 500 deutlich größer als im Durchschnitt des Produktionsverbindungshandels (vgl. FORSCHUNGSSTELLE FÜR DEN HANDEL 1980, S. 29). Hinzu kommt, daß diese Unternehmen aufgrund der meist knappen Personaldecke im dispositiven Bereich den Markt nicht intensiv genug sondieren, seine Möglichkeiten nicht nutzen können.

Nun ist das Übergewicht kleiner Firmen freilich kein spezifisches Berliner Phänomen. Die Betriebsgrößenstruktur des Hamburger Rohbaubereichs zum Beispiel unterscheidet sich kaum von der hiesigen (Tabelle 5). Allerdings hat sich im Verlaufe der Untersuchung der Eindruck verstärkt, daß in Berlin auch mittlere und größere Unternehmen nicht immer über eigene Einkaufsabteilungen verfügen und dem Aushandeln günstiger Konditionen auf der Basis systematischer Angebotsvergleiche generell ein geringerer Stellenwert zukommt als anderswo. Diese Einschätzung wird gestützt durch die Beobachtung, daß in Berlin in weitaus geringerem Maße längerfristige, auch über das Ende des jeweiligen Kalenderjahres hinausreichende Einkaufsverträge abgeschlossen werden als in Westdeutschland. Derartige Verträge aber stärken die Marktposition der einzelnen Nachfrager mit der Folge regelmäßig höherer Rabatte; das Verfahren ist überdies weniger aufwendig als die Einzelausschreibung. Schließlich stellt auch SCHOTT (1984, S. 38 und S. 73) auf der Basis interregionaler Betriebsvergleiche bei den Berliner Unternehmen des Bauhauptgewerbes eine gewisse Unterbewertung der kaufmännischen Führungsfunktionen sowie eine vergleichsweise geringe Inanspruchnahme externer Leistungen im Bereich der betriebswirtschaftlich-organisatorischen Funktionen fest.

Die verschiedenen empirischen Befunde zum Organisationsgrad sind ein Indiz dafür, daß die Berliner Bauwirtschaft einem relativ schwachen Kostendruck ausgesetzt ist – eine Erscheinung, die sicherlich auch mit der praktisch umfassenden Subventionierung der Bautätigkeit in der Stadt zusammenhängt. Dabei dürfte von besonderer Bedeutung sein, daß rund 90 vH des Wohnungsbaus mit öffentlichen Mitteln gefördert werden und daß die Zahl der subventionierten Wohnungen von der Landesregierung mittelfristig festgelegt wird. Primäres Ziel der Wohnungsbaupolitik ist die Ausschöpfung dieser Programme. Preissteigerungen werden im Rahmen jährlicher Anpassung der Obergrenzen für die bewilligungsfähige Kostenmiete durch entsprechend höhere Subventionen aufgefangen. Dabei werden die Schlußabrechnungen der Bauherrn in der Regel nur dann überprüft, wenn die für eine Förderung maßgeblichen

Tabelle 5   Zahl der Betriebe und deren Größenstruktur
im Bauhauptgewerbe von Berlin und Hamburg 1982

Betriebe mit .... Beschäftigten	Zahl der Betriebe		Struktur in vH	
	Berlin	Hamburg	Berlin	Hamburg
unter 10	871	735	58,3	60,7
10 – unter 20	266	204	17,8	16,8
20 – unter 50	205	142	13,7	11,7
50 – unter 100	80	62	5,4	5,1
100 – unter 200	41	48	2,7	4,0
200 und mehr	31	21	2,1	1,7
Insgesamt	1 494	1 212	100,0	100,0
nachrichtlich:				
Zahl der Beschäftigten je Betrieb	22	18	.	.

Quellen: Statistische Landesämter Berlin und Hamburg.

Planansätze überschritten sind und eine Nachbewilligung beantragt wird (vgl. RECH-
NUNGSHOF VON BERLIN 1982, S. 42 ff). Bei dieser Praxis werden die administrativ
festgelegten Förderungsobergrenzen praktisch zu Mindestpreisen. Die Elastizität der
Wohnungsbaunachfrage in Bezug auf die Baupreise, weitgehend aber auch in Bezug
auf das verfügbare Einkommen der privaten Haushalte ist gering. Forderungen von
Baustoffindustrie und Baustoffhandel können von der bauausführenden Wirtschaft
verhältnismäßig leicht auf die Bauherrn und von diesen wiederum auf die Subventionsgeber überwälzt werden. In Berlin "hat dies zu den immens hohen Baukosten
geführt, da die Trägergesellschaften (ausgehend von der festgesetzten Miete) nur
noch rückwärts gerechnet und nicht mehr richtig kalkuliert haben" (A. GUTZEIT 1985,
S. 342).

Erheblichen Einfluß auf die Preisbildung im Bereich des Bauens hat auch das Marktverhalten der öffentlichen Hände als Bauherrn. Im Interesse einer wirtschaftlichen und sparsamen Verwendung der Haushaltsmittel ist das öffentliche Auftragswesen durch einheitliche Vorschriften geregelt – für den Bereich der Bauaufträge in der Verdingungsordnung für Bauleistungen (VOB). Zentrale Bedeutung hat dabei der Grundsatz, die nachgefragten Leistungen so weit wie möglich öffentlich auszuschreiben und den Auftraggeber auf diese Weise durch Wettbewerb zu ermitteln (vgl. AUSFÜHRUNGSVORSCHRIFT LHO zu § 55, 1979). In diesen Zusammenhang gehört auch die Forderung nach herstellerneutralen Leistungsverzeichnissen, an denen möglichst viele Anbieter teilnehmen können, sowie die Zulassung von Nebenangeboten und Änderungsvorschlägen, die häufig erst die Durchsetzung neuer und preisgünstiger Produkte ermöglichen. Als Beispiel sei hier die Substitution von Granit durch Granitsplittplatten mit einer Ersparnis bis zu 100 vH oder die Verwendung von Sekundärbaustoffen genannt.

Nach den vorliegenden Informationen wird die Vergabepraxis in Berlin der Forderung nach öffentlicher Ausschreibung als Regelfall nicht gerecht: 1983 wurden – der Vergabestatistik der Finanzbauverwaltung zufolge – wertmäßig lediglich 27 vH der Landesbaumaßnahmen und sogar nur 8 vH der Bundesbaumaßnahmen öffentlich ausgeschrieben. Damit war der Anteil der VOB-gemäßen Vergaben in der Stadt zugleich deutlich niedriger als in den meisten anderen Bundesländern; im Durchschnitt des Bundesgebietes lagen die entsprechenden Quoten immerhin bei jeweils 40 vH.

Mit den Grundsätzen eines fairen Vergabewettbewerbs ist auch nicht zu vereinbaren, daß es Ausschreibungen – offenbar vor allem aus dem Bereich des Straßen-, Landschafts- und Gartenbaus – gibt, in denen auch für standardisierte Baustoffe bereits namentlich genannte Bezugsquellen bzw. bestimmte in Berlin nur über einen Händler lieferbare Ausführungen oder Fabrikate vorgegeben sind. Bereits im Verlauf der vorliegenden, zeitlich eng begrenzten Untersuchung sind mehrere Fälle beobachtet worden, bei denen eine derartige, sachlich nicht gerechtfertigte Beschränkung des Bieterkreises im Baustoffbereich stattgefunden und teilweise zum Einsatz von Materialien mit überdurchschnittlichem Preis geführt hat. Derartige, die Funktionsfähigkeit des Marktes störende Vergabepraktiken werden erleichtert durch "die Unsitte des öffentlichen Auftraggebers, für die Durchführung öffentlicher Bauvorhaben private Bauträger zwischenzuschalten. Man entgeht hiermit der offenkundig lästigen Notwendigkeit, die Verdingungsordnung für Bauleistungen unverändert zugrunde zu legen" (P. ERKELENZ 1978, S. 28). Auch die Eigenbetriebe halten sich trotz rechtlicher Verpflichtung nicht durchweg an die entsprechenden Vorschriften der VOB; Mehrheitsbeteiligungen Berlins unterliegen diesen Regeln sogar überhaupt nicht.

Wettbewerbshemmend und damit tendenziell preissteigernd wirkt sich auch aus, daß Berlin teilweise andersformatige und/oder anders gestaltete Materialien verwendet als vergleichbare westdeutsche Städte:

- Gehwegplatten werden hier oberflächengeschliffen und im Format von 35 cm x 35 cm verwendet; normalerweise sind sie ungeschliffen und meist größer (50 cm x 50 cm bzw. 50 cm x 75 cm).

- Kanten- und Bordsteine sind in Berlin fast durchweg um 1 cm bis 2 cm dicker.

- Verbundsteine für öffentliche Straßen und Plätze werden von den bezirklichen Tiefbauämtern in Berlin ausschließlich als Vorsatzsteine ausgeschrieben; zumindest im nördlichen Teil der Bundesrepublik werden dagegen durchweg Kernbetonsteine verwendet.

Dabei geht es im vorliegenden Zusammenhang weniger darum, daß aufwendigere, möglicherweise - wie zum Beispiel in bestimmten Kategorien des bituminösen Straßenbaus - länger haltbare Materialien auch mehr kosten. Entscheidend ist vielmehr, daß die Produktion von Baustoffen, die in irgendeiner Weise von der Norm abweichen, vielfach spezielle maschinelle Anlagen erfordert, entsprechende Investitionen sich in Anbetracht des relativ kleinen Marktes aber lediglich für einen Hersteller rentieren und insofern eine Monopolisierung der Produktion in der Stadt gefördert wird. Für westdeutsche Werke ist die Erzeugung "berlinspezifischer" Ausführungen wegen geringer Losgrößen meist nicht lohnend; die besonderen regionalen Anforderungen stellen mithin für diese Unternehmen Marktzutrittssperren dar.

3.3.2   Angebot an Baustoffen

3.3.2.1   Produktion und überregionale Bezüge

In Berlin werden – anders als in den meisten westdeutschen Stadtregionen – praktisch keine mineralischen Rohstoffe abgebaut. Auch die Bedeutung der weiterverarbeitenden Steine- und Erden-Industrie ist vergleichsweise gering. Von Transportbeton, Werkmörtel und bituminösem Mischgut – Erzeugnissen, die aus technischen Gründen innnerhalb der Stadt hergestellt werden müssen – einmal abgesehen, beschränkt sich die Produktion auf Asbestzement, Kalksandstein, verschiedene Betonwaren sowie Gipsplatten. Ein überdurchschnittlich großer, wenngleich wegen des mehrstufigen Einsatzes nicht quantifizierbarer Teil der benötigten Baustoffe bzw. deren Bestandteile muß daher eingeführt und zudem über relativ weite Strecken transportiert werden.

Diese, primär in der politisch-räumlichen Situation begründete Besonderheit des Berliner Marktes wird sehr deutlich bei einem interregionalen Vergleich der Strukturen von Beschäftigung und Verkehrsaufkommen:

– Die Berliner Steine- und Erden-Industrie beschäftigt gegenwärtig rund 2 600 Personen. Davon sind etwa 1 300 im Asbestzementbereich, also vorwiegend im überregionalen Geschäft tätig; für den heimischen Markt arbeiten lediglich 1 300 Personen. Auf jeweils 100 Beschäftigte des Bauhauptgewerbes entfallen damit in Berlin knapp 4, in den betrachteten westdeutschen Regionen hingegen durchweg deutlich mehr als 10 Beschäftigte der am örtlichen Absatz orientierten Steine- und Erden-Industrie. Der intraregionale Beschäftigungseffekt zusätzlicher Rohbautätigkeit im Steine- und Erden-Bereich dürfte mithin hier – selbst bei möglichen Unterschieden in der Produktstruktur – erheblich schwächer sein als dort.

– Der Anteil des Straßengüternahverkehrs am Transportvolumen von Steinen und Erden beträgt in Berlin unter Einrechnung der aus nahegelegenen Orten in der DDR bezogenen Mengen rund 75 vH und ist damit etwas geringer als in Hamburg und deutlich niedriger als im gesamten Bundesgebiet (90 vH). Die Berliner Relation ist dabei noch insofern überhöht, als einige wichtige Baustoffe in der Stadt öfter umgeschlagen werden als sonst üblich, das Verkehrsaufkommen als Bezugsgröße der Anteilsrechnung mithin "aufgebläht" ist. Läßt man die innerstädtischen

Verkehrsvorgänge einmal unberücksichtigt und betrachtet lediglich die Struktur der überregionalen Bezüge, so ändert sich das Bild ganz erheblich: Während zum Beispiel Hamburg 65 vH aller eingeführten Baustoffe aus dem Nahverkehrsraum stammen, bezieht Berlin lediglich 20 vH seines Bedarfs aus der unmittelbaren Umgebung (Tabelle 6).

Tabelle 6   Verkehrsaufkommen[1] an Steine- und Erden-Erzeugnissen[2] nach Verkehrsbereichen in Berlin und Hamburg 1982

Verkehrsbereich	1000 t		Struktur in vH	
	Berlin	Hamburg	Berlin	Hamburg
Bezüge	4 698	7 830	27,6	50,6
davon:				
Eisenbahnen	1 059	236	6,2	1,5
Binnenschiffahrt	1 935	1 068	11,4	6,9
Seeschiffahrt	–	890	–	5,8
Straßengüterfernverkehr	854	668	5,0	4,3
Straßengüternahverkehr	850[3]	4 968	5,0	32,1
Innerstädtischer Verkehr	12 295	7 632	72,4	49,4
Insgesamt	16 993	15 462	100,0	100,0

1) Ohne Versand.- 2) Ohne Transportbeton.- 3) Von West-Berliner Unternehmen aus der DDR in die Stadt transportierter Sand und Zement.

Quellen: Statistisches Bundesamt, Wiesbaden; eigene Berechnungen und Schätzungen.

Als Folge der ungewöhnlich langen Beförderungsdistanzen sind viele Baustoffe in Berlin mit höheren Transportkosten belastet als in anderen Ballungsräumen. Bei verschiedenen wichtigen Ausgangsprodukten wie Zement und Kalk, aber auch bei Ziegeln, liegen die Frachtsätze im Straßengüterfernverkehr vom westdeutschen Herstellerwerk nach Berlin allein aufgrund der Entfernungsdifferenz um bis zu 100 vH über denen der Vergleichsregionen. Daneben gibt es allerdings bestimmte höherwertige Materialien wie Klinker, die auch innerhalb des Bundesgebietes über mehrere hundert Kilometer versandt werden und für deren Hersteller Berlin keineswegs außerhalb des üblichen Absatzraumes liegt. Aufgrund dieser Unterschiede in den produktspezifischen Lieferradien, aber auch wegen Unterschieden in der regionalen Bedeutung der verschiedenen Verkehrsträger sind generelle Aussagen über die Höhe der entfernungsbedingten berlinspezifischen Transportkosten nicht möglich; erforderlich ist hier eine nach Baustoffen differenzierende Betrachtung.

Die Transportkosten im Verkehr zwischen dem Bundesgebiet und Berlin sind nun allerdings nicht allein wegen der überdurchschnittlichen Entfernung, sondern auch aufgrund relativ ungünstiger Tarife höher als innerhalb des westdeutschen Wirtschaftsraumes. Dies gilt vor allem für den Binnenschiffsverkehr. Aber auch der Straßengüterfernverkehr wird auf den Berlin-Routen nach den Regelsätzen des Reichskraftwagen-Tarifs (RKT), ansonsten indes fast durchweg nach niedrigeren Ausnahmetarifen abgewickelt. Diese Differenzierung bedeutet konkret, daß Lkw-Transporte nach Berlin um etwa 10 vH teurer sind als Transporte über die gleiche Strecke in Westdeutschland.

Bei einer über das einzelne Produkt hinausgreifenden Bewertung des Transportkostenproblems ist freilich zu berücksichtigen, daß die aus dem Bundesgebiet und dem westlichen Ausland bezogenen Baustoffe nach den vorliegenden Informationen[5] wertmäßig zwar 80 vH, gewichtsmäßig jedoch lediglich 30 vH aller Berliner Importe ausmachen (Tabellen 7 und 8), daß es sich also bei diesen Baustoffen um die höherwertigen Produktgruppen mit einer vergleichsweise niedrigen Frachtkostenbelastung handelt: zum Beispiel Hochofenzemente, Klinker, Stahlbeton-Fertigteile. Umgekehrt ist das Verhältnis zwischen Rechnungswert und Tonnage bei den Bezügen aus der DDR und dem nahegelegenen westlichen Polen: Einem Wertanteil von 20 vH steht ein Gewichtsanteil von 70 vH gegenüber[6]. Schwere Güter mit niedrigen Preisen - Kies, Sand, Splitt, Standardzemente - werden mithin auch in Berlin über die kürzeren Strecken transportiert. Inwieweit sich diese, den Verhältnissen in "offenen" Regionen prinzipiell entsprechende räumliche Verteilung der Bezüge tatsächlich transportkostenentlastend auswirkt, ist im Rahmen der Analyse einzelner Produktmärkte zu klären.

Von genereller Bedeutung für den Baustofftransport und dessen Kosten ist jedoch, daß die den Unternehmen des Güternahverkehrsgewerbes normalerweise zur Ver-

Tabelle 7

Bezüge Berlins an mineralischen Baustoffen [1]
nach Herkunftsgebieten 1974 bis 1983
– Tonnage –

Herkunftsgebiet	1974	1975	1976	1977	1978	1979	1980	1981	1982	1983
					1000 t					
Übriges Bundesgebiet	1.899	1.701	1.718	1.674	1.326	1.233	1.140	1.011	1.060	1.275
DDR	3.779	2.856	3.347	3.310	2.696	3.398	2.857	3.348	3.359	3.313
Ausland	357	360	374	298	325	357	136	216	189	254
Insgesamt	6.035	4.917	5.439	5.282	4.347	4.988	4.133	4.575	4.608	4.842
					Entwicklung (1974 = 100)					
Übriges Bundesgebiet	100	90	90	88	70	65	60	53	56	67
DDR	100	76	89	88	71	90	76	89	89	88
Ausland	100	101	105	83	91	100	38	61	53	71
Insgesamt	100	81	90	88	72	83	68	76	76	80
					Struktur in vH					
Übriges Bundesgebiet	31,5	34,6	31,6	31,7	30,5	24,7	27,6	22,1	23,0	26,3
DDR	62,6	58,1	61,5	62,7	62,0	68,1	69,1	73,2	72,9	68,5
Ausland	5,9	7,3	6,9	5,6	7,5	7,2	3,3	4,7	4,1	5,2
Insgesamt	100,0	100,0	100,0	100,0	100,0	100,0	100,0	100,0	100,0	100,0

1) Erzeugnisse der Sypro-Warengruppen 25 (Steine und Erden) und 70 (Fertigteilbauten im Hochbau); beim Import einschließlich Glasmasse und Rohglas.
Quellen: Statistisches Bundesamt, Wiesbaden; Statistisches Landesamt, Berlin; Senator für Wirtschaft und Verkehr, Berlin.

Tabelle 8

Bezüge Berlins an mineralischen Baustoffen[1]
nach Herkunftsgebieten 1974 bis 1983
-- Rechnungswerte --

Herkunftsgebiet	1974	1975	1976	1977	1978	1979	1980	1981	1982	1983
	Mill. DM (VE)									
Übriges Bundesgebiet	193,2	194,9	251,4	216,1	226,2	266,6	254,1	224,0	241,9	333,3
DDR	65,9	54,4	57,4	53,3	47,5	59,6	56,2	65,3	68,1	67,9
Ausland	5,7	5,8	6,0	7,3	8,4	10,4	14,4	14,7	14,3	17,7
Insgesamt	264,8	255,1	314,8	276,7	282,1	336,6	324,7	304,0	324,3	418,9
	Entwicklung (1974 = 100)									
Übriges Bundesgebiet	100	101	130	112	117	138	132	116	125	173
DDR	100	83	87	81	72	90	85	99	103	103
Ausland	100	102	105	128	147	182	253	258	251	311
Insgesamt	100	96	119	104	107	127	123	115	122	158
	Struktur in vH									
Übriges Bundesgebiet	73,0	76,4	79,9	78,1	80,2	79,2	78,3	73,7	74,6	79,6
DDR	24,9	21,3	18,2	19,3	16,8	17,7	17,3	21,5	21,0	16,2
Ausland	2,1	2,3	1,9	2,6	3,0	3,1	4,4	4,8	4,4	4,2
Insgesamt	100,0	100,0	100,0	100,0	100,0	100,0	100,0	100,0	100,0	100,0

1) Erzeugnisse der Sypro-Warengruppen 25 (Steine und Erden) und 70 (Fertigteilbauten im Hochbau); beim Import einschließlich Glasmasse und Rohglas.
Quellen: Statistisches Bundesamt, Wiesbaden; Statistisches Landesamt, Berlin; Senator für Wirtschaft und Verkehr, Berlin.

fügung stehende Nahverkehrszone von 50 km Luftlinie um den Ortsmittelpunkt herum hier bei weitem nicht erreicht wird. In der engbegrenzten "Nahzone Berlin" fehlt insbesondere die Möglichkeit, zeit- und verschleißaufwendige Kurzstreckenverkehre durch einen weiträumigen Flächenverkehr innerbetrieblich auszugleichen (vgl. L. RAUNHARDT 1983, S. 258), und für die Sand- und Zementtransporte aus der Umgebung Berlins, die einen erheblichen Teil aller baustellenbezogenen Transporte ausmachen, kommt der Güternahverkehrstarif nicht zur Anwendung. Außerdem werden die Kostenvorteile des ortsfreien Verkehrs durch Wartezeiten in den Werken und an der Grenze wieder aufgezehrt.

3.3.2.2   Vertriebswege und Struktur des Baustoffhandels

Empirische Untersuchungen über die Vertriebswege, insbesondere über den Einschaltungsgrad des Großhandels in die Distribution mineralischer Massenbaustoffe in Berlin liegen nicht vor. Aussagen verschiedener Anbieter und Nachfrager auf dem regionalen Markt sowie eigenen überschlägigen Berechnungen zufolge werden

- Transportbeton und Bituminöses Mischgut überwiegend direkt durch die produzierenden Unternehmen bzw. durch vorgeschaltete herstellereigene Vertriebsorgane verkauft,

- die übrigen Materialien jedoch zu mindestens 80 vH – und damit zu einem erheblich größeren Teil als im Durchschnitt des Bundesgebiets – über den institutionellen Baustoffgroßhandel abgesetzt.

Relativ stark ausgeprägt ist die Handelseinschaltung in Berlin vor allem bei Kies und Sand – eine Folge der noch eingehender zu diskutierenden Absatzpolitik der DDR. Regionale Unterschiede sind aber auch bei Wandbaustoffen zu beobachten: Sie können hier fast durchweg nur beim Großhandel bezogen werden; in weiten Teilen des Bundesgebietes bestehen dagegen auch direkte Geschäftsbeziehungen zwischen Produzenten und Firmen der bauausführenden Wirtschaft. Die in diesem Zusammenhang vielfach geäußerte Vermutung, die unterschiedliche Behandlung westdeutscher und Berliner Nachfrager durch die Herstellerfirmen sei auf Pressionen des Berliner Baustoffhandels zurückzuführen, konnte im Rahmen der Untersuchung allerdings nicht erhärtet werden. Immerhin demonstrieren verschiedene Berliner Bauunternehmen, die sich um auswärtige Lieferanten bemühen ebenso wie eine Reihe von

Produzenten aus dem Bundesgebiet, die direkt in Berlin anbieten, daß es auch von hier aus durchaus möglich ist, westdeutsche Baustoffe ohne Einschaltung des hiesigen Großhandels zu kaufen. Ausschlaggebend für die insgesamt geringe Bereitschaft, direkt zu liefern, dürfte vielmehr sein, daß die Kontakte zwischen den Berliner Bauunternehmen und den westdeutschen Produzenten infolge der räumlichen Distanz, aber auch wegen der vielfach nur beiläufig betriebenen Einkaufspolitik der heimischen Firmen schwach entwickelt sind, damit deren Zahlungsfähigkeit bzw. Kreditwürdigkeit nicht beurteilt werden kann und der eingeführte örtliche Baustoffhandel als Geschäftspartner vorgezogen wird.

Hinzu kommt, daß die klassische Großhandelsfunktion des zeitlichen und räumlichen Ausgleichs von Liefer- und Nachfrageschwankungen, also die Zwischenlagerung, in Berlin wegen der atypisch langen Lieferstrecken und der spezifischen Bedingungen auf den Wasserstraßen, möglicherweise auch wegen kleinerer Baustellen mit entsprechend geringerem Baustoffbedarf bei einzelnen Produkten noch eine verhältnismäßig große Bedeutung hat: Während im Durchschnitt des Bundesgebietes, aber auch in Hamburg und vermutlich in den meisten anderen Vergleichsregionen mehr als zwei Drittel aller über den Großhandel verkauften Baustoffe direkt vom Erzeuger zum Verwender transportiert werden, dürfte der Anteil der Streckengeschäfte am Berliner Großhandelsumsatz höchstens 50 vH betragen. Dieser relativ geringe Prozentsatz ist allerdings in starkem Maße durch die Zwischenlagerung von Schüttgütern bestimmt; bei Mauerwerkselementen zum Beispiel wird inzwischen auch in Berlin ein deutlich höherer Anteil des Umsatzes über Strecke abgewickelt.

Insgesamt betrachtet verschafft die vergleichsweise starke Stellung des Großhandels in der Stadt überregional tätigen Unternehmen , die zumindest bestimmte Baustoffe über ihre westdeutschen Stammhäuser bzw. Niederlassungen direkt ab Werk kaufen können, Wettbewerbsvorteile gegenüber ausschließlich am Ort tätigen Firmen. Diese sind tendenziell auch deshalb benachteiligt, weil ihre auswärtigen Konkurrenten bei den großräumig operierenden Baustoffunternehmen mehr Druck ausüben können und dadurch häufig günstigere Konditionen erreichen.

Ebenso wie im Bundesgebiet konzentriert sich der Produktionsverbindungshandel mit mineralischen Baustoffen auch in Berlin zunehmend auf wenige große Unternehmen[7]. Dies zeigt sich einmal daran, daß die Zahl der Großhändler zwischen 1968 und 1979, zwei Jahren, für die Angaben aus der amtlichen Handels- und Gast-

Tabelle 9

Unternehmen und Arbeitsstätten des Großhandels mit Holz, Baustoffen und Installationsbedarf in Berlin und Hamburg am 31.3.1979 nach Umsatzgrößenklassen

Umsatz-Größenklasse	Zahl der Erhebungseinheiten 1979		Zahl der Beschäftigten 1979		Umsatz 1978 in Mill. DM		Umsatz je Beschäftigten in 1000 DM	
	Berlin	Hamburg	Berlin	Hamburg	Berlin	Hamburg	Berlin	Hamburg
Arbeitsstätten								
bis 500 000 DM [1]	61	80	124	194	12,3	16,7	99	86
500 000 DM – 1 Mill. DM	22	42	86	163	15,8	30,4	184	186
1 Mill. DM – 2 Mill. DM	42	54	258	297	60,4	75,0	234	253
2 Mill. DM – 5 Mill. DM	44	68	476	642	150,4	216,4	316	337
5 Mill. DM – 10 Mill. DM	27	49	671	818	187,6	364,8	280	446
10 Mill. DM – 50 Mill. DM	9	36	571	1329	182,0	641,8	319	469
50 Mill. DM – 100 Mill. DM	–	5	–	171	–	362,3	–	2119
über 100 Mill. DM	–	1	–	.	–	.	–	.
Insgesamt	205	335	2 186	3701	608,6	1857,4	1432	3896
Unternehmen [2]								
bis 500 000 DM [1]	56	74	121	134	10,8	13,2	89	99
500 000 DM – 1 Mill. DM	20	36	86	143	141,0	25,5	123	178
1 Mill. DM – 2 Mill. DM	35	49	240	287	509,7	69,2	164	241
2 Mill. DM – 5 Mill. DM	41	58	417	562	138,8	186,8	212	332
5 Mill. DM – 10 Mill. DM	27	48	603	918	189,9	344,7	295	375
10 Mill. DM – 50 Mill. DM	10	35	589	1101	153,2	517,6	315	470
50 Mill. DM – 100 Mill. DM	6	10	762	837	258,0	579,0	260	692
über 100 Mill. DM	–	3	–	343	–	394,6	339	1151
Insgesamt	195	313	2872	4373	815,8	2133,0	1797	3538

1) Einschließlich Neugründungen.– 2) Abgrenzung nach dem Sitz des Unternehmens, einschließlich externer Arbeitsstätten heimischer Unternehmen, ohne örtliche Arbeitsstätten ortsfremder Unternehmen.

Quellen: Statistische Landesämter Berlin und Hamburg.

stättenzählung vorliegen, von 121 auf 82 zurückgegangen ist und daß dabei vor allem kleinere Firmen ausgeschieden sind. Zum zweiten – und dies kommt in der Entwicklung der Unternehmenszahl nicht zum Ausdruck – gehört eine Reihe rechtlich selbständiger mittelständischer Firmen inzwischen zu den großen Konzernen. Da die Gruppenunternehmen nicht nur kapitalmäßig, sondern teilweise auch personell – über die gleiche Geschäftsführung – eng miteinander verflochten sind, dürfte der konzerninterne Wettbewerb im Zweifel gering sein. Schließlich haben verschiedene Firmen sich auf den Handel mit bestimmten Baustoffen spezialisiert, andere ihren Aktivitätsschwerpunkt vom Produktionsverbindungshandel auf den Einzelhandel verlegt. Dies gilt im übrigen auch für die großen Unternehmen, die sich überdurchschnittlich stark in Bau- und Hobby-Märkten engagiert haben und mit der Diversifizierung ihres Sortiments zugleich kleinere gewerbliche Abnehmer anziehen. Vor dem Hintergrund dieser Entwicklungen hat auch ein Vergleich der Unternehmensgrößenstruktur in Berlin und in Hamburg, der – allerdings für den gesamten Großhandel mit Holz, mineralischen Baustoffen und Installationsbedarf – eine hier eher geringere Konzentration ergibt (Tabelle 9), sicher nur begrenzte Aussagekraft.

Nach den verfügbaren Daten, aber auch nach Einschätzung von Mitbewerbern und Kunden dominieren auf dem Berliner Baustoffmarkt drei Anbieter:

- die Unternehmensgruppe Stinnes-Vaubeka bei Baustoffen für den allgemeinen Hochbau (Schaubild 3),

- die Unternehmensgruppe Ready Mix/Seyd bei Transportbeton (Schaubild 4) und

- die Unternehmensgruppe Dr. Schmidt/BGI bei Baustoffen für den Straßenbau (Schaubild 5).

Charakteristisch für diese Unternehmensverbände ist, daß sie einen großen Teil der Baustoffbezüge aus der DDR abwickeln, daß sie neben dem Handelsgeschäft eigene Fertigungsstätten in Berlin betreiben, in denen die bezogenen Stoffe weiterverarbeitet (Kies, Zement) oder ähnliche Produkte (Kalksandstein, Betonstein) hergestellt werden, und daß sie multiregional tätig sind.

Alle drei Gruppen gelten – soweit es überhaupt konkurrierende Anbieter gibt – als Preisführer auf jeweils mehreren Märkten, und zwar sowohl auf der Ebene der Produktion als auch auf der Ebene des Handels. Ihre Marktmacht hängt zunächst

62

Schaubild 3   Unternehmensgruppe Stinnes/Vaubeka in Berlin*

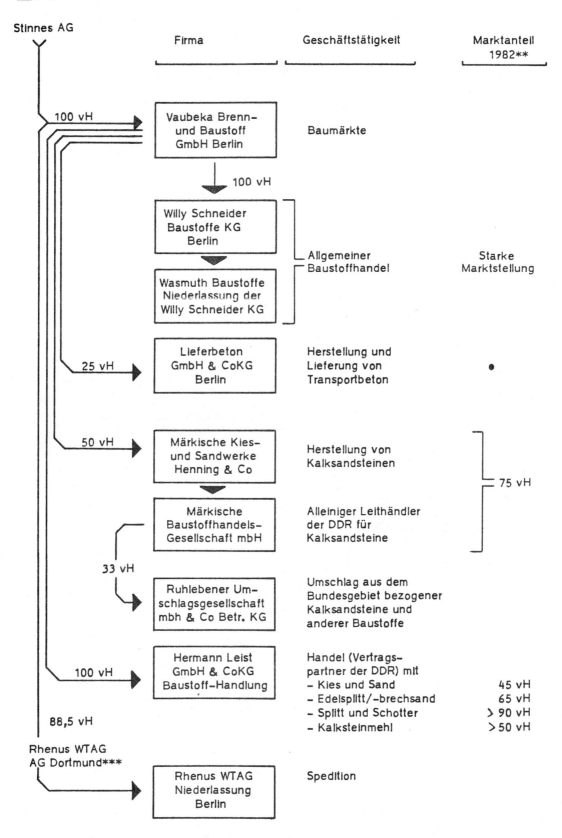

Firma	Geschäftätigkeit	Marktanteil 1982**

Stinnes AG

100 vH — Vaubeka Brenn- und Baustoff GmbH Berlin — Baumärkte

100 vH — Willy Schneider Baustoffe KG Berlin

Wasmuth Baustoffe Niederlassung der Willy Schneider KG — Allgemeiner Baustoffhandel — Starke Marktstellung

25 vH — Lieferbeton GmbH & CoKG Berlin — Herstellung und Lieferung von Transportbeton — •

50 vH — Märkische Kies- und Sandwerke Henning & Co — Herstellung von Kalksandsteinen

Märkische Baustoffhandels-Gesellschaft mbH — Alleiniger Leithändler der DDR für Kalksandsteine — 75 vH

33 vH — Ruhlebener Um-schlagsgesellschaft mbh & Co Betr. KG — Umschlag aus dem Bundesgebiet bezogener Kalksandsteine und anderer Baustoffe

100 vH — Hermann Leist GmbH & CoKG Baustoff-Handlung — Handel (Vertrags-partner der DDR) mit
- Kies und Sand   45 vH
- Edelsplitt/-brechsand   65 vH
- Splitt und Schotter   > 90 vH
- Kalksteinmehl   > 50 vH

88,5 vH

Rhenus WTAG AG Dortmund***

Rhenus WTAG Niederlassung Berlin — Spedition

*   Baustoffmarkt-relevante Aktivitäten
**   geschätzt
*** Mitglied des Frachtenausschusses Dortmund, der die Frachtsätze für den Binnen-schiffsverkehr zwischen dem Bundesgebiet und Berlin festlegt.

Schaubild 4   Unternehmensgruppe Ready Mix/Seyd in Berlin

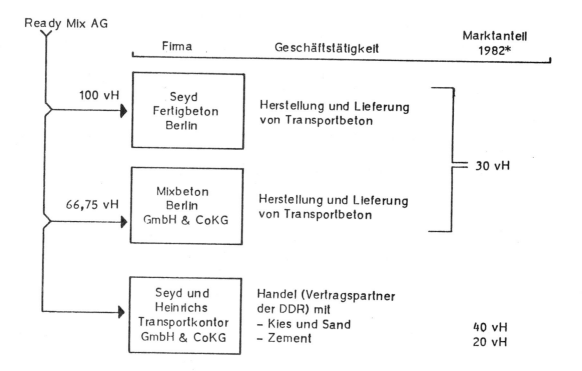

* geschätzt

Unternehmensgruppe Dr. Schmidt/BGI In Berlin

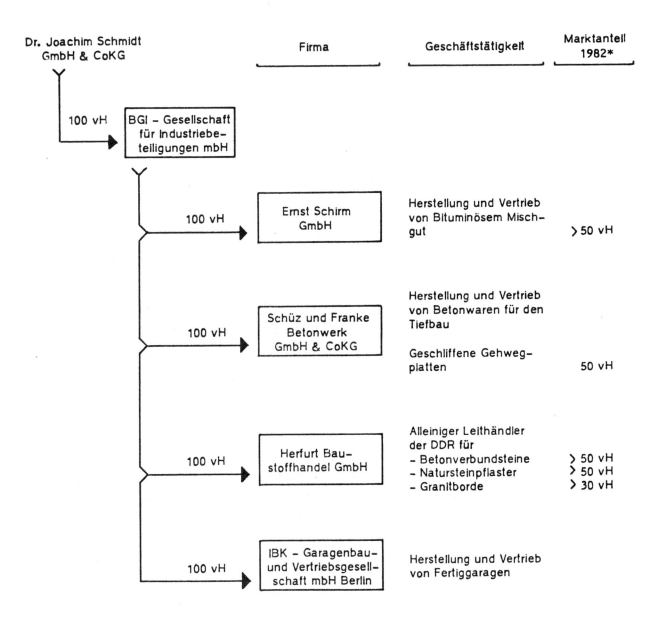

Dr. Joachim Schmidt GmbH & CoKG	Firma	Geschäftstätigkeit	Marktanteil 1982*
100 vH → BGI – Gesellschaft für Industriebeteiligungen mbH			
100 vH →	Ernst Schirm GmbH	Herstellung und Vertrieb von Bituminösem Mischgut	> 50 vH
100 vH →	Schüz und Franke Betonwerk GmbH & CoKG	Herstellung und Vertrieb von Betonwaren für den Tiefbau Geschliffene Gehwegplatten	50 vH
100 vH →	Herfurt Baustoffhandel GmbH	Alleiniger Leithändler der DDR für – Betonverbundsteine – Natursteinpflaster – Granitborde	> 50 vH > 50 vH > 30 vH
100 vH →	IBK – Garagenbau- und Vertriebsgesellschaft mbH Berlin	Herstellung und Vertrieb von Fertiggaragen	

* geschätzt

damit zusammen, daß sie als Glieder übergreifender Konzerne mit durchweg hohem vertikalem Integrationsgrad gegenüber regionalen Firmen grundsätzlich größere finanzielle Spielräume haben, günstigere Konditionen auf den Beschaffungs- und Transportmärkten erzielen können und unternehmensinterne Verrechnungspreise eingeräumt bekommen dürften (vgl. H. ARNDT 1974, S. 50). Von erheblicher Bedeutung ist in diesem Zusammenhang sicherlich auch, daß die örtlichen Konzernfirmen über ihre kapitalmäßige Verflechtung hinaus vielfach dieselben Entscheidungsträger (Geschäftsführer, Prokuristen) haben. Durch derartige personelle Verbindungen werden einerseits Flexibilität und Reaktionsgeschwindigkeit der einzelnen Betriebe auf Veränderungen am Markt erhöht, andererseits Abstimmungsprozesse zwischen den Betrieben erleichtert (vgl. dazu auch MONOPOLKOMMISSION 1978, Tz 384).

Daneben profitieren die genannten Unternehmen als Leithändler der DDR von deren Politik, jeden Baustoff lediglich an einen, höchstens an zwei Berliner Abnehmer zu verkaufen (Einhandprinzip) und diese Geschäftsverbindungen im Rahmen längerfristiger Rahmenverträge festzuschreiben. Lediglich Preise und Liefermengen werden jährlich zwischen den Berliner Händlern und dem für Baustoffe zuständigen staatlichen Außenhandelsbetrieb der DDR (Limex) neu fixiert[8]. Auf diese Weise können diejenigen Unternehmen, die zugleich Leithändler der DDR und alleiniger bzw. marktbeherrschender Berliner Produzent eines bestimmten - auch substitutiven - Baustoffs sind (zum Beispiel Kalksandstein oder Betonverbundstein), die Bezugsmengen so steuern, daß die Auslastung ihrer eigenen lokalen Produktionskapazitäten durch das Angebot an billigeren DDR-Erzeugnissen nicht gefährdet wird.

Eine Beschränkung auf jeweils einen oder zwei West-Berliner Handelspartner mag für die DDR - auch aus organisatorischen Gründen - ökonomisch sinnvoll sein; für den Berliner Markt bedeutet sie dagegen unter den gegebenen Rahmenbedingungen eine Zugangssperre für weitere Anbieter und damit eine Konservierung der bereits bestehenden Konzentration. Die Frage, ob eine Auflockerung der Einhandpolitik preissenkend wirken würde, ist nicht generell zu beantworten. Eine Verringerung der Einkaufspreise kann auf diesem Wege kaum erreicht werden, da eine größere Zahl von Nachfragern die Position des (monopolistischen) Anbieters in der DDR bei dem meist nicht steigerungsfähigen Marktvolumen nur verbessert. Inwieweit andererseits ein verstärkter Wettbewerb auf dem Berliner Absatzmarkt dämpfend auf die Verkaufspreise wirken würde, hängt ceteris paribus vor allem von den gegenwärtig erzielten Handelsspannen und damit vom Verhältnis zwischen den Abgabepreisen der DDR und den Preisen für vergleichbare westdeutsche Ware ab.

An diesen Werten orientieren sich offensichtlich die Preisforderungen der DDR; sie stellen zugleich die Grenze dar, bis zu der DDR-Produkte auf dem regionalen Markt angeboten werden können, ohne daß zusätzliche Anbieter auftreten. Allerdings: Selbst wenn die DDR ihren Preisspielraum voll ausschöpfen sollte, die Berliner Leithändler also lediglich eine kostendeckende Handelsspanne erwirtschaften könnten, verbliebe eine "Wettbewerbsreserve" in Höhe von 11 vH des von der DDR in Rechnung gestellten Entgelts. Dieser Betrag resultiert aus einem Kürzungsanspruch bei der Umsatzsteuer, der bei Warenbezügen aus der DDR gewährt wird (vgl. ALLG. VERWALTUNGSVORSCHRIFT 1973, II, 4, 1) und einen fiktiven Vorsteuerabzug für die in den bezogenen Waren enthaltene Umsatzsteuer[9] darstellt.

Die Konzentration des gesamten Baustoffhandels mit der DDR auf sechs Leithändler – neben den drei Konzernunternehmen, die den weitaus größten Teil des Handelsvolumens abwickeln, sind noch drei Berliner Handelsfirmen in dem Geschäft tätig – ist insofern von besonderer Bedeutung für die Preisbildung auf den verschiedenen Stufen des heimischen Baustoffmarktes, als die bezogenen Produkte fast durchweg schwer substituierbare Ausgangsstoffe für Veredelungsprodukte (Transportbeton, Mörtel, Kalksandstein) sind. Zwar ist ihr Anteil am gesamten Baustoffverbrauch des Baugewerbes relativ gering; auf einzelnen Märkten für Vor- und Endprodukte spielen sie jedoch eine wichtige, teilweise sogar entscheidende Rolle. Tabelle 10 bringt diesen Sachverhalt nur bedingt zum Ausdruck: Dargestellt ist die Situation bei einzelnen Produktgruppen (zum Beispiel bei Zement, Betonpflaster, Kalksandstein). Da jedoch aus der DDR überwiegend bestimmte, meist die gebräuchlichsten Sorten (zum Beispiel Portlandzement PZ 35, graue Betonwaren, Kalksandsteine kleinerer Formate und als Vollsteine gepreßt) bezogen werden, sind die relevanten Marktanteile der jeweiligen Leithändler teilweise noch erheblich höher als ausgewiesen.

Tabelle 10

Zahl der Anbieter und Marktanteile
mineralischer Baustoffe aus der DDR in Berlin (West)

| Produkt | Leithändler/Anbieter | | Markt-anteil[1] |
	Anzahl	Bezugs-anteile in vH	in vH
Siebkies	2	50/50	90
Splitt/Schotter	1	100	90
Sand	2	.	70
Edelsplitt Brechsand	1	100	65
Betonpflaster	1	100	65
Baukalk	1	100	50
Kalksteinmehl	1	100	
Natursteinpflaster	1	100	50
Zement	2	50/50	40[2]
Kalksandsteine	1	100	20

1) Gemessen in Tonnen.- 2) Ohne Zement für fernabsatzorientierte Produktionen.
Quelle: Eigene Schätzungen auf der Basis von Angaben der Unternehmen und des Senators für Wirtschaft und Verkehr, Berlin.

3.4　　　　Analyse ausgewählter Produktmärkte

3.4.1　　　Baustoffe, die in Berlin importiert werden müssen

3.4.1.1　Kies und Sand

3.4.1.1.1　Marktabgrenzung

Kies und Sand sind die wichtigsten Primär-Rohstoffe im Bereich des Bauens. Sie werden einmal in unbearbeitetem Zustand - zum Beispiel als Trag- oder Frostschutz-schichten im Straßen- und Wegebau - verwendet; zum anderen und vor allem sind sie zentrale Bestandteile von Beton und Mörtel, von Kalksandstein und Bituminösem Mischgut sowie von einer ganzen Reihe anderer Steine- und Erden-Produkte. Insgesamt gehen zwei Drittel aller Baukiese und -sande in den Hochbau, ein Drittel in den Tiefbau ein (vgl. K. GREFERMANN 1981 b, S. 7).

Der Markt wird nach Gesteinsart und Reinheitsgrad, vor allem aber nach der Korn-zusammensetzung der einzelnen Kiessande differenziert. Die Preisrelation zwischen den verschiedenen Sorten hängt dabei primär von der Ausbildung der jeweiligen Lagerstätten, also von deren Mächtigkeit, Fläche und Homogenitätsgrad ab (vgl. U. E. DORSTEWITZ 1977, S. 11)[10]; eine produktspezifische Darstellung von Produktion und Verbrauch ist allerdings in der Regel nicht möglich. Im Rahmen der vorliegenden Arbeit wird exemplarisch Siebkies der Körnung 2/32 betrachtet. Er wird vor allem als Betonzuschlag verwendet und hat durchweg einen entscheidenden Anteil am Gesamtmarkt. Interessant ist daneben die Situation bei ungesiebtem Grubensand. Dieses Produkt bildet gerade in Berlin einen bedeutsamen Teilmarkt.

Direkte Substitutionsprodukte für Kies und Sand sind gebrochene Natursteine (Schotter, Splitt und Brechsand), im Straßenbau zudem Hochofenschlacke und ver-schiedene aus Bauschutt gewonnene Sekundär-Rohstoffe (Betonproctor, abgesiebter Sand). Indirekt - als Bestandteil von Beton - können Kies und Sand durch Stahl und Glas oder durch grobkeramische Erzeugnisse ersetzt werden.

Während im Bereich des Straßenbaus aus wirtschaftlichen wie ökologischen Erwä-gungen der Einsatz von Substituten, insbesondere von Recycling-Baustoffen, rasch an Gewicht gewinnt, ist die Bedeutung von Naturstein-Splitt als Alternative zum her-kömmlichen Beton-Zuschlag trotz gewisser Verknappungstendenzen bei Kies und der daraus abgeleiteten Forderung nach Schonung der Vorkommen (vgl. LANDESRE-

GIERUNG SCHLESWIG-HOLSTEIN 1983, S. 20 und K. VOSSEN 1984, S. 26) noch ziemlich gering. 1983 lag sein Anteil am gesamten Zuschlagsvolumen im Durchschnitt des Bundesgebietes bei 6 vH (vgl. P. EGGERT et al. 1984, S. 204). Zur Begründung werden immer wieder technische Schwierigkeiten angeführt. Die Verhältnisse in den kiesarmen Regionen Nordostwürttembergs und Mittelfrankens belegen indes beispielhaft die Eignung gebrochenen Gesteins als Beton-Zuschlag (vgl. BAYERISCHER LANDTAG 1980, S. 7 und S. 52 ff). Entscheidend für die geringe Inter-Ressourcen-Substitution dürfte vielmehr sein, daß die Gewinnungskosten von Festgestein aufgrund der hohen Kapital- und Energieintensität der Produktion deutlich - nach U. E. DORSTEWITZ (1977, S. 113) im Durchschnitt des Bundesgebietes und der verschiedenen Körnungen um 30 vH - über denjenigen von Lockergestein liegen. Aus einzelwirtschaftlicher Sicht ist eine Substitution mithin regelmäßig nur dann interessant, wenn Splitt in der Nähe des Absatzgebietes gewonnen wird, Kies dagegen über größere Entfernungen beschafft werden muß (vgl. K. FLECKENSTEIN und K. HOCHSTRATE 1981, S. 28 ff)[11].

Kies und Sand haben einen extrem geringen Produktionswert je Gewichtseinheit; ihre Preise werden daher in überdurchschnittlichem Maße durch die Transportkosten bestimmt: "Die Preise bei Kiesen verdoppeln sich, wenn das Material von der Grube rund 50 km mit dem Lkw bis zum Verbraucher transportiert werden muß, bei Sand schon in 15 km Entfernung" (G. LÜTTIG 1979, S. 12). Aus diesem Grund sind die Absatzgebiete der Kies- und Sandbetriebe in der Regel eng begrenzt. Rund 85 vH des gesamten Transportvolumens (allerdings einschließlich der Mehrfachtransporte sowie der mengenmäßig weniger bedeutsamen Rohstoffe Bims und Ton) werden im Straßengüternahverkehr bewegt. Die durchschnittliche Transportweite beträgt 20 km; sie liegt bei Kies über, bei Sand unter diesem Mittelwert (Tabelle 11).

Eine nach Regionen differenzierende Betrachtung zeigt freilich, daß die Verhältnisse innerhalb der Volkswirtschaft ziemlich unterschiedlich sind (Tabelle 12). Während zum Beispiel Köln und München (noch) fast ausschließlich intraregional versorgt werden und der Raum Hannover/Braunschweig über ergiebige Lagerstätten in der näheren Umgebung verfügt, muß der Bedarf der Ballungsgebiete Hamburg und Stuttgart sowie des nördlichen Ruhrgebiets zum größten Teil durch überregionale Bezüge - hier verstanden als Transporte über eine Entfernung von 50 oder mehr Kilometer - gedeckt werden. Dominierender Verkehrsträger innerhalb des Fernverkehrs ist dabei meistens das Binnenschiff. Es eignet sich für die Beförderung von Sand und Kies insofern be-

besonders gut, als diese Güter transportzeit-unempfindlich sind. In den beiden zuerst angesprochenen Wirtschaftsräumen sind die Märkte durchweg lokal ausgebildet; sie können allerdings wegen der sich überschneidenden Absatzgebiete nur von den einzelnen Abbaubetrieben her abgegrenzt werden. Ein derartiger Zusammenhang besteht in den anderen Regionen wegen der großräumigen Beschickung nicht; dort sind die Märkte im allgemeinen identisch mit den Siedlungsgebieten.

Tabelle 11   Transport von Sand, Kies, Bims und Ton
in der Bundesrepublik Deutschland 1982
nach Verkehrsbereichen

Verkehrsbereich	Verkehrsleistung		Verkehrsaufkommen		Ø Transportweite-km
	Mrd. tkm	Struktur in vH	Mill. t	Struktur in vH	
Straßengüternahverkehr	6,9	38,8	350,0	85,1	20
davon:					
Gewerblicher Verkehr	2,2	12,4	105,0	25,5	21
Werkverkehr	4,7	26,4	245,0	59,6	19
Straßengüterfernverkehr	1,6	9,0	9,5	2,3	170
Eisenbahnen	1,1	6,2	6,0	1,5	180
Binnenschiffahrt	8,2	46,0	45,5	11,1	180
Insgesamt	17,8	100,0	411,0	100,0	44

Quellen: Bundesministerium für Verkehr, Bonn; DIW; eigene Berechnungen.

3.4.1.1.2 Westdeutsche Märkte mit intraregionaler Versorgung: Köln und München

Siebkies der Körnung 2/32 kostet in Köln und München 16 DM je Tonne. Dieser relativ niedrige Preis ist in erster Linie darin begründet, daß beide Städte innerhalb ihres Verwaltungsgebietes bzw. in den angrenzenden Gemeinden Lagerstätten mit ausgewogenen Kornfraktionen besitzen. Der mittlere Lieferradius beträgt jeweils 15 km; die Transportkosten liegen im Falle tariflicher Beförderung bei 5 DM/t. Mit 11 DM/t verhältnismäßig hoch sind dagegen die durchschnittlichen Abgabepreise der Erzeuger. Dies dürfte zu einem Teil kostenbedingt sein; den günstigen lagerstättenkundlichen Faktoren stehen nämlich vergleichsweise hohe, in der städtischen Lage der Abgrabungsflächen begründete Förderabgaben und Renaturierungskosten gegenüber. Hinzu kommen jedoch offenbar marktliche Faktoren.

Zwar gibt es in den beiden Vergleichsgebieten eine erhebliche Zahl von Anbietern, die zudem relativ gleichmäßig über die Fläche verteilt sind:

- In Köln produzieren allein innerhalb des Stadtgebietes 22 Unternehmen mit 26 Gruben; davon fördern 16 Betonkies (vgl. E. GLÄSSER und K. VOSSEN 1981, S. 76 f). Die Betriebe konzentrieren sich auf fünf Kernräume an der Peripherie der Stadt, liegen aber nicht weiter als 15 km vom Zentrum entfernt.

- In der Region München sind sogar rund 55 Unternehmen mit schätzungsweise 70 Gruben und/oder Kieswerken tätig. Von diesen Firmen domizilieren mindestens 35 mit einem Produktionsanteil von 75 vH im Verdichtungsraum - einem Gebiet mit einem Radius von 25 km um den Stadtmittelpunkt. Dabei wird die Branche als ausgesprochen mittelständisch strukturiert angesehen (vgl. K. GREFERMANN 1981 a, S. 44 ff).

In dieser Situation sind die Preisspielräume der einzelnen Unternehmen sicherlich eng begrenzt. Insgesamt betrachtet können jedoch beide Regionalmärkte als Verkäufermärkte charakterisiert werden: Bei relativ stabiler Nachfrage nimmt das Angebot innerhalb der historisch gewachsenen Absatzgebiete als Folge erschöpfter Gruben einerseits, der meist restriktiven Genehmigungspraxis für neue Abbauflächen andererseits eher ab.

Tabelle 12

Versorgung ausgewählter Ballungsräume des Bundesgebietes mit Kies und Sand

Zielregion	Kies				Sand			
	Förder-gebiete	Anteil am Verbrauch in vH	Entfernung in km	Verkehrs-mittel	Förder-gebiete	Anteil am Verbrauch in vH	Entfernung in km	Verkehrs-mittel
Hamburg	1. Schleswig-Holstein 2. Okergebiet 3. Nordsee 4. DDR	65 15 . .	<90 200 . .	Lkw/Schiff Schiff Schiff Lkw	Östliche Umgebung	100	<60	Lkw Schiff
Dortmund/Essen	1. Niederrhein 2. Oberrhein	70 30	120 400	Schiff Schiff	1. Niederrhein 2. Umgebung	. .	120 <30	Schiff Lkw
Köln	Stadtgebiet u. angrenzende Landkreise	100	Ø 15	Lkw	Stadtgebiet u. angrenzende Landkreise	100	Ø 15	Lkw
Hannover	1. Leinegebiet 2. Mittel·Weser	80 20	<30 <60	Lkw Lkw	Nord–Ost-Umgebung	100	<20	Lkw
Braunschweig	Okergebiet	100	<30	Lkw	Nord–West-Umgebung	100	<30	Lkw
Frankfurt	1. Oberrhein 2. Umgebung	60 40	<150 <50	Schiff Lkw	Umgebung	100	Ø 15	Lkw
Stuttgart	1. Oberrhein 2. Südl. Alb	. .	<100/200 <100	Lkw/Schiff Lkw	.	.	.	.
München	Stadtgebiet u. angrenzende Landkreise	100	Ø 15	Lkw	Stadtgebiet u. angrenzende Landkreise	100	<15	Lkw

Quellen: Erhebungen des DIW bei Geologischen Landesämtern, Industrieverbänden und Unternehmen der Kies- und Bauwirtschaft; Glässer/Vossen 1982, Gretemann 1981 b, Irrlitz 1976, Stein 1981, Vossen 1984.

3.4.1.1.3 Westdeutsche Märkte mit extraregionaler Versorgung: Hamburg und Stuttgart

Anders als die zuletzt betrachteten Gebiete verfügen zum Beispiel Hamburg und Stuttgart über keine bzw. keine abbaubaren Vorkommen an Lockergestein. Kies und Sand werden über relativ weite Entfernungen befördert; die Transportkosten sind bei Betonkies jeweils mehr als doppelt so hoch wie in Köln oder in München und erklären damit den größten Teil der Preisunterschiede gegenüber diesen Städten.

Gleichwohl vollzieht sich die Preisbildung auf den beiden Regionalmärkten unter ganz verschiedenen Bedingungen:

-   Hamburg, das im Umkreis von 30 km keinen bedeutsamen Abbaubetrieb mehr hat (vgl. E. GLÄSSER und K. VOSSEN 1982, S. 21), wird traditionell aus verschiedenen – zwischen 50 km und 80 km entfernt gelegenen – Fördergebieten in Schleswig-Holstein beliefert. Wegen des hohen Sandanteils der dortigen Lagerstätten sind jedoch die Produktionskosten für Betonkies – der durchschnittliche Abgabepreis für Körnung 2/32 liegt bei 13 DM/t – relativ hoch. In dieser Situation sind seit der Fertigstellung des Elbe-Seiten-Kanals im Jahre 1976 mit seinen äußerst günstigen Verkehrsbedingungen und Frachttarifen (Tabelle 16) auch Oker-Kiese aus dem Raum Goslar-Schladen-Vienenburg, deren Preise mit 8 DM/t am unteren Ende der Erzeugerpreis-Skala liegen, auf dem Hamburger Markt konkurrenzfähig. Außerdem werden verstärkt marine Kiese, vor allem aus den Schelfgebieten der Nordsee, angeboten. Schließlich drängt die DDR mit größeren Mengen in den norddeutschen Absatzraum.

Insgesamt dürften auf dem regionalen Markt annähernd 10 gewichtige Anbieter agieren. Da sie durchweg Erzeugnisse außerhalb des Absatzraums gelegener Gruben verkaufen, können standortbedingte kleinräumige Monopole kaum entstehen. Absprachen sind relativ schwer durchzuführen, der Markt ist weitgehend offen. Dabei scheint es einen gewissen Preiswettbewerb im Sinne eines "weiten Oligopols" (vgl. MONOPOLKOMMISSION 1982, S. 184) zu geben. Dafür spricht unter anderem, daß die Preise für das Substitutionsprodukt Hartsteinsplitt, das über noch größere Entfernungen als Kies transportiert werden muß, um 30 vH über dem Kiespreis liegen, der in den vergleichsweise hohen Produktionskosten von gebrochenem Naturstein begründete Preisspielraum der Kiesanbieter also bei

weitem nicht ausgeschöpft wird. Im Zuge der stagnierenden, zeitweise rückläufigen Nachfrage und durch den Einfluß der zunächst unter dem herrschenden
Preisniveau angebotenen Nordsee-Kiese (vgl. P. EGGERT, J. PRIEM und
E. WETTIG 1985, S. 2 - 35) haben die Preise in den letzten Jahren nachgegeben,
ohne daß es zu einer ruinösen Konkurrenz gekommen ist. Die großräumig ausgerichteten Lieferanten passen sich dabei offenbar mit Hilfe regionaler Preisdifferenzierung an die neue Situation an. So dürften die Abgabepreise der niedersächsischen und schleswig-holsteinischen Erzeuger in den heimischen Absatzgebieten um bis zu 30 vH höher sein als in Hamburg; die DDR bietet Kies in Hamburg um mindestens 20 vH billiger an als in Berlin - und dies, obwohl der Transport von den Gewinnungsstätten nach Hamburg mindestens genau so aufwendig
ist wie nach Berlin.

- Der im Stuttgarter Raum verwendete Kies stammt aus Abbaustellen im Oberrhein-
  graben, wo er besonders günstig gewonnen wird und höchstens 9 DM/t kostet,
  sowie von der südlichen Schwäbischen Alb, dem Gebiet zwischen Bodensee und
  Donau. Er wird ganz überwiegend per Lkw transportiert - über Distanzen
  zwischen 80 km und 100 km, dazu meist ohne Rückfrachtmöglichkeit. Bei einem
  Frachtsatz (nach dem Landessondertarif) von mindestens 11 DM/t und bei der
  offenbar großen Bedeutung des Werkverkehrs ist der Straßentransport auch
  gegenüber den oberrheinischen Gewinnungsstätten, die gut per Schiff erreichbar
  sind, selbst über die angegebenen Entfernungen wirtschaftlicher (WIRTSCHAFTS-
  VERBAND STEINE UND ERDEN 1976, S. 21). Der Anteil der Bundesbahn am
  gesamten Verkehrsaufkommen ist - wie auch in den anderen Vergleichsgebieten -
  gering. Versuche, die hohen Kosten des beim Bahntransport fast immer zweifach
  gebrochenen Verkehrs durch den Einsatz von Container-Ganzzügen auf ein
  konkurrenzfähiges Niveau herabzuschleusen, sind gescheitert (vgl. BAYERISCHER
  LANDTAG 1980, S. 37 ff).

Die Marktstrukturen im Stuttgarter Raum sind unübersichtlich. Anders als in der
Region Hamburg bestehen ausgeprägte kapitalmäßige Verflechtungen zwischen
Kieserzeugern und Kiesverbrauchern. Gleichwohl sind die Preisspielräume der Anbieter relativ klein, und zwar vor allem wegen des verhältnismäßig niedrigen
Preises für das Substitutionsprodukt Natursteinsplitt. Der generelle Produktions-
kostennachteil dieses Erzeugnisses gegenüber Kies wird weitgehend durch Trans-
portkostenvorteile ausgeglichen: Der Ballungskern und Verbrauchsschwerpunkt ist

von einer großen Zahl nahegelegener Steinbrüche umgeben; der durchschnittliche Frachtanteil am Umsatz mit Natursteinerzeugnissen ist mit weniger als 20 vH (vgl. P. EGGERT, J. PRIEM und E. WETTIG 1985, S. 2 - 227) ungewöhnlich niedrig. Im Zusammenhang mit dem rückläufigen Straßenbau versucht die wegen der kapital-intensiven Produktionsweise und entsprechend hoher Fixkosten wenig flexible Natur-steinindustrie zudem, durch Preiszugeständnisse auf dem Betonzuschlagmarkt Fuß zu fassen; es existiert also offenbar ein spürbarer Substitutionswettbewerb.

Tabelle 13

Zusammensetzung der Durchschnittspreise
für Siebkies 2/32 in Berlin (West)
und in ausgewählten Regionen des Bundesgebietes

DM/t (Jahresmitte 1983)

Region	Erzeuger-preis	Transport-kosten[1]	Preis frei Baustelle
Berlin (West)[2]	9,–	27,–	36,–
Hamburg	8,–/13,–	14,–/9,–	22,–
Köln	11,–	5,–	16,–
Hannover	10,–	8,–	18,–
Frankfurt	9,–/12,–	9,–/6,–	18,–
Stuttgart	9,–	12,–	21,–
München	11,–	5,–	16,–

1) Einschließlich Handelsspanne.– 2) Herkunftsgebiet: Niedersachsen.

Quelle: Eigene Schätzungen und Berechnungen.

3.4.1.1.4   Der Berliner Markt

3.4.1.1.4.1   Preiskomponenten

Rund 85 vH der in Berlin verwendeten Kiese und Sande stammen aus der DDR, die damit ihren Marktanteil innerhalb eines Jahrzehnts um 20 vH-Punkte steigern konnte. In gleichem Maße abgenommen hat die Bedeutung der Bezüge aus dem Bundesgebiet. Von dort werden heute lediglich noch 5 vH des Kiesbedarfs gedeckt (Tabellen 14 und A 1).

Tabelle 14   Verbrauch von Kies und Sand[1] in Berlin (West) 1983
nach Herkunftsgebieten und Verkehrsträgern

Herkunftsgebiet	in 1000 t	davon (in vH) per		
		Lkw	Bahn	Schiff
Berlin (West)	265	100	–	–
Übriges Bundesgebiet	120	28	5	67
DDR	2 720	30	25	45
Polen	255	–	–	100
Insgesamt	3 360	30	20	50

1) Ohne Füllboden.

Quellen: Statistisches Landesamt Berlin, Senator für Wirtschaft und Verkehr Berlin, eigene Schätzungen.

Diese Veränderung der Bezugsstruktur erscheint in Anbetracht der geographischen Lage Berlins konsequent: S i e b k i e s 2/32 aus dem Harz, dem nächstgelegenen westdeutschen Abbaugebiet, kostet bei einem Erzeugerpreis von 8 DM/t und einer Fracht von 22 DM/t (Vorfracht Hafen Salzgitter/Braunschweig, Hafengebühren sowie Schiffsfracht ohne Kleinwasserzuschläge auf Basis 1983) cif Berlin 30 DM/t. Rechnet man für Umschlag, Handelsspanne und Rollgeld 6 DM/t, so kann das Material für 36 DM/t frei Baustelle geliefert werden. Auf Transport und Verteilung entfallen demnach rund 78 vH des Marktpreises (vgl. auch G. BÜGLER 1970, S. 14). Aufschlußreich ist in diesem Zusammenhang, daß Kies aus den gleichen, im übrigen nicht ausgelasteten Oker-Gruben in Hamburg – über den Elbe-Seitenkanal verfrachtet – für höchstens 20 DM/t (cif) angeboten wird. Die regionale Preisdifferenz von 10 DM/t resultiert allein aus unterschiedlichen Schiffsfrachten (Tabelle 15).

Tabelle 15   Tarifliche Frachten für den Schiffstransport
von Kies ab Salzgitter nach Hamburg und Berlin

(Jahresmitte 1984)

Frachtkomponenten Bestimmungsfaktoren	Relation	
	Salzgitter–Hamburg (FTB B 5010/12)	Salzgitter–Berlin[2] (FTB B 509/15 und B 300)
Grundfracht	6,32 DM/t	13,84 DM/t
davon: Motorschiffsanteilsfracht	6,24 DM/t	13,76 DM/t
Organisationsgebühr	0,08 DM/t	0,08 DM/t
Gasölzuschlag	0,94 DM/t	2,20 DM/t
Öffentl. rechtl. Gebühren	0,64 DM/t	1,59 DM/t
Transportsatz[1]	7,90 DM/t	17,63 DM/t
Entfernung	180 km	255 km
Fahrtzeit	24 Std	> 48 Std
Motorschiffsanteilsfracht und Gasölzuschlag		
– je Transportkilometer	4,0 Pfg/tkm	6,3 Pfg/tkm[3]
– je Transportstunde	29,9 Pfg/th	26,8 Pfg/th

1) Ohne Umschlagskosten und Kleinwasserzuschläge, jedoch nach Berücksichtigung der Abschläge für Verkürzung der Lade- und Löschzeiten.– 2) Bei Grundfracht Mittel aus Berlin unterhalb und Berlin oberhalb.– 3) Bei einer angenommenen Beförderungsdauer von 60 Stunden.

Quellen: Frachten- und Tarifanzeiger für die Binnenschiffahrt (FTB); Eigene Berechnungen.

Dabei ist der vergleichsweise hohe Transportsatz zwischen Salzgitter und Berlin nur zu einem geringen Teil entfernungsbedingt (Tabelle 15). Von erheblichem Einfluß sind

- höhere öffentlich-rechtliche Gebühren,

- geringere Zulademöglichkeit (die Tauchtiefen im Bereich der märkischen Wasserstraßen liegen mit 2 m deutlich unter denen des westdeutschen Kanalgebietes (2,50 m); die Frach ten werden auf der Basis einer Tauchtiefe von 1,75 m festgelegt) sowie

- längere Fahrzeiten, begründet in Schleusenaufenthalten und dem Nachtfahrverbot in der DDR.

Diese Faktoren erklären, warum die Frachten pro Tonnenkilometer zwischen westdeutschen Häfen und Berlin mit mehr als 6 Pf. um durchschnittlich ein Drittel höher sind als im Bereich der bundesdeutschen Wasserstraßen.

Bei der ungewöhnlich hohen Transportkostenbelastung des Harz-Kieses überrascht es allerdings, daß die aus der DDR bezogene Ware mit 33 DM/t lediglich um etwa 10 vH billiger ist – und damit zugleich 50 vH mehr kostet als vergleichbares Material in Hamburg oder Stuttgart, also in Gebieten, die ebenfalls über größere Strecken beliefert werden müssen.

Zwar ist eine Komponentenzerlegung des Preises für DDR-Kies nicht möglich, da die DDR frei Berlin liefert und den Transport über ihre eigenen Verkehrsträger – die Deutsche Reichsbahn und die Binnenreederei der DDR – abwickelt. Bedenkt man jedoch,

- daß die Strecke von Salzgitter nach Berlin mit rund 240 km erheblich länger ist als der Wasserweg von den Liefergebieten bei Magdeburg (140 km) und Frankfurt/Oder (175 km), aber auch erheblich weiter als die ebenfalls benutzte Eisenbahnstrecke von Dresden,

- daß die Schiffs- und Bahntarife in der DDR deutlich unter denen in der Bundesrepublik liegen,

so erscheint der Preisvorteil gegenüber dem Harzer Kies selbst dann sehr gering, wenn einmal unterstellt wird, daß die Produktionskosten in der DDR höher sind als in den niedersächsischen Abgrabungsgebieten [12]. Der Erklärungsgehalt derart hypothetischer Rechnungen ist allerdings schon deshalb gering, weil die – in Verrechnungseinheiten bezifferten – Exportpreise in der DDR nach anderen Kriterien festgelegt werden als die Binnenpreise.

Unabhängig davon ist in jedem Falle zu berücksichtigen, daß beim Bezug von Kies aus der DDR auch in Berlin selbst Kosten anfallen, die in anderen Regionen nicht entstehen:

- Dies gilt insbesondere im Zusammenhang mit der Sicherung einer bedarfsgerechten Versorgung. Da die Kieswerke in der DDR keine eigene Lagerwirtschaft betreiben und die Transportsysteme nicht flexibel genug sind, werden zur Überbrückung von Nachfrageschwankungen oder Lieferengpässen größere Läger in der Stadt erforderlich. Überdies muß im Sommer öfter mit Niedrigwasserlagen auf den Schiffahrtswegen gerechnet werden[13]. Um Beförderungszuschläge zu vermeiden, die in der reduzierten Zuladung der Schiffe begründet sind, werden während der Vollschiffigkeitsperiode ebenfalls Vorräte angelegt. Bei den überdurchschnittlichen Berliner Mieten für Gewerbegrundstücke und dem produktspezifisch großen Lagerflächenbedarf dürften die entsprechenden Kosten durchaus zu Buche schlagen.

- Hinzu kommt, und das ist für ein Ballungsgebiet ebenfalls ungewöhnlich, daß ein Teil des Materials als Rohkies bezogen und erst innerhalb der Stadt gesiebt wird.

- Verteuernd wirkt schließlich die strikte Handelsbindung der DDR-Waren. Während Kies und Sand im Bundesgebiet überwiegend unmittelbar beim Produzenten gekauft werden – GREFERMANN (1981a, S. 43) veranschlagt den Anteil des Direktabsatzes am Gesamtverbrauch auf drei Fünftel – ist in Berlin zwangsläufig der Handel, teilweise sogar in mehreren Stufen, eingeschaltet.

Diesen standortspezifischen Kosten steht freilich der Kürzungsanspruch bei der Umsatzsteuer gegenüber. Mit 11 vH des von der DDR in Rechnung gestellten Entgelts dürfte er einen erheblichen Teil der zusätzlichen Belastungen ausgleichen.

3.4.1.1.4.2   Wettbewerbssituation

Der Verbrauch von Kies und Sand in Berlin hat in den letzten Jahren fast durchweg zugenommen und liegt gegenwärtig bei 3,5 Mill. t jährlich im Wert von etwa 70 Mill. DM. Dabei hat sich der Absatzschwerpunkt im Zuge fortschreitender Arbeitsteilung vom Baugewerbe zu vorgelagerten Zweigen der weiterverarbeitenden Baustoff-Industrie verschoben: Vom gesamten regionalen Bedarf werden eigenen

Tabelle 16

Verbrauch von Kies und Sand in Berlin (West) 1983
nach dem Verwendungszweck

Verwendung	in 1000 t	in vH
Herstellung von Steinen und Erden	2 260	67
darunter: Transportbeton	1 500	45
Mörtel	300	9
Kalksandstein	140	4
Baugewerbe	1 100	33
Insgesamt	3 360	100
Quelle: Eigene Berechnungen und Schätzungen.		

Schätzungen zufolge bereits zwei Drittel außerhalb des Baustellenbereichs, zur Herstellung veredelter Produkte, verbraucht (Tabelle 16). Entscheidendes Gewicht hat dabei Transportbeton, der allein 45 vH des Materials aufnimmt.

Auf dem M a r k t f ü r K i e s agieren lediglich drei Anbieter: Zwei Händler von DDR-Kies und ein Importeur polnischer Ware.

- Die Bezüge aus der DDR stammen zwar aus mehreren Abbaubetrieben; diese werden jedoch gemeinsam durch den staatlichen Außenhandelsbetrieb Limex der DDR vertreten. Er ist alleiniger Vertragspartner der beiden Berliner Abnehmer, die nach den vorliegenden Informationen zu gleichen Konditionen kaufen.

- Der aus Polen importierte Kies beeinflußt den Preisbildungsprozeß auf dem regionalen Markt kaum. Einmal können die an der Oder gelegenen Gruben nur bestimmte Körnungen liefern. Zum anderen ist das mengenmäßige Potential dieser Betriebe eng begrenzt. Insbesondere deshalb, möglicherweise aber auch infolge gewisser Wettbewerbsnachteile gegenüber der DDR, die aus hohen Transitgebühren wie aus der umsatzsteuerlichen Begünstigung von DDR-Bezügen resultieren und ursprünglich vorhandene Preisvorteile weitgehend aufzehren, stagniert das Einfuhrvolumen bereits seit mehreren Jahren auf niedrigem Niveau. Der Marktanteil Polens hat sich - bei allerdings starken Schwankungen - eher verringert (Tabelle A 1).

- Der Bezug von Kies aus westdeutschen Abbaugebieten ist bei dem gegenwärtigen Preisniveau nur dann lohnend, wenn er unter Tarif befördert werden kann und/oder temporäre Auslastungslücken in unternehmenseigenen Gruben ausfüllt. Der ganz überwiegende Teil des entsprechenden Materials - gegenwärtig etwa noch 5 vH des regionalen Bedarfs - wird daher von Berliner Großverbrauchern, insbesondere von Transportbetonunternehmen, mit eigenen bzw. gecharterten Schiffen oder als Rückfracht im Lkw-Verkehr eingeführt. Dieser Kies wird in der Regel auf dem Markt überhaupt nicht angeboten. [14]

Faktisch ist mithin der Berliner Kiesmarkt auf der Erzeugerstufe (teil)monopolistisch, auf der Handelsstufe (teil)duopolistisch strukturiert. Absatzpolitisches Hauptziel der DDR dürfte es sein, ihren Umsatz und damit ihre Deviseneinnahmen zu maximieren. Bei der insgesamt unelastischen Nachfrage erreicht sie dieses Ziel am ehesten, wenn sie den Preis so hoch wie möglich fixiert. Der absatzmengen-neutrale Höchstpreis hängt dabei einmal von den Preisen für westdeutschen Kies und für eventuelle Substitutionsprodukte, zum anderen von den Kosten und der Verhandlungsposition der Berliner Vertragshändler ab.

Diese jedenfalls nutzen den ihnen zur Verfügung stehenden Preisspielraum voll aus: Der Abstand des Marktpreises für DDR-Kies zum (räumlichen) Indifferenzpreis, also zu jenem Preis, bei dem westdeutsche Anbieter auf dem Markt konkurrenzfähig wären, beträgt weniger als 10 vH. Dabei gibt es keine Anhaltspunkte für einen Preiswettbewerb zwischen den etablierten Konkurrenten. Beide Händler scheinen sich friedlich zu verhalten - was in Anbetracht der ähnlich großen Marktanteile, der hohen Markttransparenz, der engen Kooperation beim Einkauf und verschiedener Verflechtungen auf der Absatzebene (zumindest einer der beiden Händler beliefert wegen der räumlichen Nähe Unternehmen, die zum Konzern des anderen Händlers gehören) nahezu zwingend ist. Preissenkungen eines Wettbewerbers mit dem Ziel, seinen Marktanteil zu Lasten des anderen auszuweiten, dürften unter diesen Bedingungen kurzfristig neutralisierende Reaktionen des Mitbewerbers hervorrufen.

Scheidet mithin der Preis als (direkter) Wettbewerbsparameter aus, so verfügen die beiden Konkurrenten doch über andere absatzpolitische Mittel, mit denen sie versuchen, ihren Marktanteil zu erhöhen, zumindest aber ihre Position zu sichern. Dieser Zielsetzung dürfte beispielsweise die zu beobachtende Differenzierung des Vertriebssystems dienen: Während Mitte der siebziger Jahre noch beide Händler den ganz überwiegenden Teil ihres Geschäfts mit der DDR per Binnenschiff abgewickelt haben, ist einer von ihnen in letzter Zeit dazu übergegangen, den Kies per Eisenbahn zu beziehen und dann von verschiedenen innerstädtischen Lagerplätzen aus zu verteilen. Auf diese Weise lassen sich möglicherweise die Lagerkosten der Abnehmer verringern und so gewisse Präferenzen schaffen, ohne daß die Preiskoordination zwischen den Wettbewerbern gestört wird (vgl. E. KAUFER 1980, S. 254 ff). Bei der duopolistischen Struktur des Angebots impliziert eine derartige Aufteilung nach Verkehrsträgern jedoch zugleich eine noch größere Abhängigkeit einzelner Abnehmer von einem einzigen Lieferanten. Dies gilt in besonderem Maße für diejenigen Transportbetonwerke, die über keinen eigenen Wasseranschluß verfügen und daher auf die Bahnbelieferung angewiesen sind.

Keine begrenzende Bedeutung für die Preisbildung bei Kies haben direkte Substitutionsprodukte. Der Preis für Edelsplitt – ein Baustoff, der Kies als Zuschlag bei Transportbeton ersetzen könnte, liegt gegenwärtig noch über dem Preis für westdeutschen Kies. Das Produkt wird im übrigen ausschließlich von einem der beiden Kies-Importeure aus der DDR eingeführt, der damit über gewisse Steuerungsmöglichkeiten verfügt. Im Straßenbau hat sich demgegenüber bereits ein bemerkenswerter Substitutionsprozeß vollzogen. Dort wird Kies – zumindest in Berlin – seit langem durch Schlacken, Zementvermörtelung mit Grubensand oder Sekundärbaustoffe ersetzt. Unübersichtlicher sind die indirekten Substitutionsbeziehungen. Der Ersatz von Beton durch Stahl und Glas bzw. durch Mauerwerk kann jedoch zumindest auf mittlere Frist als relativ gering eingeschätzt werden.

Unmittelbar vergleichbar ist die Situation bei K i e s - S a n d (Körnung 0/2), der über die gleichen Händler nach Berlin kommt: Der Preis-Plafond wird von den Gruben in den östlichen Landesteilen von Niedersachsen und Schleswig-Holstein, vor allem in den Wirtschaftsräumen Lüchow-Dannenberg, Lüneburg-Uelzen und Lauenburg-Büchen-Güster bestimmt. Dort liegt der Abgabepreis als Folge enormer Sandüberschüsse – die Vorkommen bestehen zu 80 vH aus Sand und nur zu 20 vH aus Kies (vgl. V. STEIN 1981, S. 23, und K. VOSSEN 1984, S. 101) – unter 4 DM/t, und zwar fob Elbschiff gerechnet. Bei einer Schiffsfracht von 16 DM/t kann zu etwa 20 DM/t cif Berlin geliefert werden.[15] Dieser Preis wird von den Leithändlern für DDR-Material um etwa 2 DM unterschritten. Etwas niedriger noch ist der Preis für polnische Ware, die (ebenso wie das Material aus der DDR) aus dem nördlichen Oderbruch stammt und per Binnenschiff über den Oder-Havel-Kanal transportiert wird.

Aufgrund des hohen Berliner Preises für Kiessand kann in der Stadt – abweichend von den geltenden technischen Regelwerken – als Basiszuschlag für Kalksandstein, vor allem aber für Mörtel der weniger scharfe und ungesiebte märkische G r u b e n - s a n d eingesetzt werden. Dieses Produkt, das sonst überwiegend als Planum bzw. als Tragschicht im Straßenbau Verwendung findet, ist in Berlin verhältnismäßig billig.

Der Preisbildungsprozeß ist bei Grubensand wesentlich transparenter als bei Kies. Zwar stammt der überwiegende Teil des bezogenen Materials ebenfalls aus der DDR, der Transport wird jedoch – soweit es sich um Bezüge aus den stadtnahen Gruben in Caputh, Horstfelde und Pätz handelt, von West-Berliner Firmen durchgeführt. Nach eigenen Ermittlungen entfallen von den 11 DM, die durchschnittlich pro Tonne und frei Baustelle erzielt werden, 5 DM auf den Abgabepreis und 6 DM auf den Transport. Ungewöhnlich niedrig ist dabei vor allem die Fracht. Bei einer Durchschnittsent- fernung von mindestens 34 km (Caputh-Grenze Dreilinden 18 km; mittlere inner- städtische Entfernung 16 km) betrüge der Transportsatz nach dem Güternahver- kehrs-Tarif im günstigsten Falle 7,15 DM/t, im Durchschnitt der jeweils weitest- gehenden Abschlagsregelungen der Landes-Sondertarife für Kies und Sand noch immer 6,80 DM.

Die vergleichsweise niedrigen Preise sind offenkundig Ausdruck eines umkämpften Marktes – sowohl auf der Erzeugerstufe als auch im Transportbereich:

- Einmal ist die Marktmacht der DDR wesentlich geringer als bei Kies. Polnische Im- porte, in der Stadt selbst abgebaute sowie – freilich nicht für alle Zwecke ver- wendbare – aus Bauschutt abgesiebte Sande decken rund 40 vH des gesamten Bedarfs. Dabei liegt der Marktpreis für Sekundärmaterial bei 7 bis 8 DM je Tonne (vgl. O. HUTER und CH. LANDERER 1984, S. 239).

- Zum anderen gilt für Transporte zwischen der DDR und Berlin weder der Güter- nahverkehrs-Tarif noch ein Sondertarif. Während einer der beiden Berliner Impor- teure mit eigenen Fahrzeugen befördert, verkauft der andere ab DDR-Grube an eine große Zahl selbständiger, meist nur mit einem Fahrzeug ausgestatteter kleiner Fuhrunternehmer, die den Sand als sogenannte Fuhrmannshändler zu ihren Preisen absetzen. Dabei ist zu vermuten, daß die hohe Wettbewerbsintensität häufig zur "Selbstausbeutung" (vgl. H. ST. SEIDENFUS 1984, S. 13) führt.

84

3.4.1.2 Zement

3.4.1.2.1 Marktabgrenzung und Preiskomponenten

Als einziges bekanntes Bindemittel für Beton ist Zement das wichtigste Komplementärprodukt zu Kies und zumindest direkt nicht substituierbar. Zement erscheint optisch als homogenes Produkt; es gibt jedoch eine größere Zahl von Zementarten und -sorten, die sich vor allem in ihren technischen Eigenschaften voneinander unterscheiden und zwischen denen durchaus Substitutionslücken bestehen.

Im allgemeinen wird differenziert

- nach dem Ausgangsprodukt (Portlandzementklinker oder Hüttensand/Hochofenschlacke) in die Sorten Portlandzement (PZ), Eisenportlandzement (EPZ), Hochofenzement (HOZ) und Traßzement (TrZ),

- nach der Druckfestigkeit in die Güteklassen 25, 35, 45 und 55,

- nach der Schnelligkeit des Erhärtens in die Gruppen L und F.

Eine Produktdifferenzierung liegt auch insofern vor, als die meisten Zemente in loser Form, als Silozement, und abgesackt angeboten werden. Preisdifferenzen entstehen dabei nicht nur als Folge unterschiedlicher Produktkosten sondern auch durch Unterschiede im Transport.

Die vorliegende Betrachtung bezieht sich grundsätzlich auf losen Portlandzement der Festigkeitsklasse PZ 35 F. In Anbetracht eines Absatzanteils von mehr als 60 vH dürften die Verhältnisse auf dem Teilmarkt für diese Sorte jedoch die Situation des Gesamtmarktes hinreichend genau abbilden.

Die meisten deutschen Zementwerke liegen in Gebieten mit größeren Lagerstätten von Kalksteinmergeln, einem natürlich vorkommenden und für die Zementherstellung gut geeigneten Gemisch aus Kalkstein und Ton (vgl. K. GREFERMANN 1981 a, S. 45). Aus dieser Standortorientierung folgt eine gewisse regionale Ballung der Fertigungsstätten, in Norddeutschland vor allem südlich der Linie Münster-Paderborn, an der Unterelbe sowie im Hannoveraner Raum (Schaubild 6). Insbesondere die westfälischen Werke können wegen der geringen Rohstoffkosten konkurrenzfähig bis nach Schleswig-Holstein liefern[16]. Normalerweise wird Zement in der Bundesrepu-

Schaubild 6

Standorte von Zementwerken
in der Bundesrepublik Deutschland 1977
und nach Berlin liefernde Werke

● Zementwerk

▭ Hauptlieferanten Berlins

— Zementwerk mit nennens-
wertem Anteil an den Lie-
ferungen nach Berlin

Quellen: Rall/Wied-Nebbeling 1977; eigene Berechnungen

blik allerdings auf kleineren – sich teilweise überschneidenden – regionalen Märkten innerhalb eines 100-km-Radius abgesetzt. 95 vH der Produktion werden daher per Lkw zu den Verbrauchern transportiert. Der Schiffstransport spielt mit einem Anteil von 2 vH bis 3 vH eine deutlich geringere Rolle als bei Kies; die Eisenbahn hat hier wie dort keine Bedeutung (vgl. BUNDESVERBAND ZEMENT 1983, S. 29).

Eine Besonderheit der Zementindustrie (in einigen Bundesländern auch der Ziegelindustrie) ist ihr Preissystem: Verkauft wird zu Frankostationspreisen, d.h. frei Baustelle. Dabei gelten innerhalb von drei der vier bundesdeutschen Regionalmärkte jeweils einheitliche, von der Entfernung zwischen Werk und Abnehmer unabhängige Preise; Kunden in der Nähe einer Produktionsstätte "subventionieren" also die entfernter gelegenen Verbraucher (vgl. L. RALL und S. WIED-NEBBELING 1977, S. 5 f). Der mögliche Absatzradius der Zementwerke steigt daher mit dem Anteil der werksnahen Abnehmer. Ausgehend von einer mittleren Versandweite von 50 km (vgl. TH. RIEDL 1978, S. 520) können die durchschnittlichen tariflichen Transportkosten für losen Zement im Straßengüterfernverkehr (aber auch bei der Eisenbahn) frei Silo eingeblasen auf 16 DM/t beziffert werden; der Transportkostenanteil am Einstandspreis liegt demnach im Bundesgebiet bei weniger als 15 vH.

Eine regionale Gliederung der Berliner Zementbezüge aus Westdeutschland zeigt, daß mehr als zwei Drittel der Tonnage aus dem Großraum Hannover, der Rest aus Westfalen sowie von der Unterelbe kommen. Sofern dieser Zement auf dem Wasserweg befördert wird, betragen die Verteilungskosten bis zum Verarbeitungsort – also einschließlich der Nachlaufkosten innerhalb der Stadt, die immerhin mit 15 DM/t veranschlagt werden müssen – zwischen 35 DM/t und 40 DM/t, das sind bis zu 30 vH des Berliner Einstandspreises. Per Lkw – und er ist auch im Berlin-Verkehr mit annähernd 50 vH (Tabelle 17) dominierend – liegen die Transportkosten im Falle tarifgemäßer Verfrachtung bereits für die Strecke Hannover-Berlin bei 55 DM/t. Der größte Teil der über die Straße transportierten rund 140 000 t jährlich dürfte freilich im Werksverkehr und damit nicht teurer als auf dem Wasserwege befördert werden. Diese These wird dadurch gestützt, daß der Ausnahmetarif für Zementtransporte von Hannover nach Berlin (AT 392) in Höhe von 38 DM/t Mitte 1985 wegen Nichtausnutzung aufgehoben wurde. Insgesamt betrachtet ergibt sich, daß die zwischen Berlin einerseits und den westdeutschen Ballungsgebieten andererseits festgestellten (absoluten) Differenzen im Preis für bundesdeutschen Zement tendenziell geringer sind als die berlinspezifischen Transportkosten. Daraus folgt, daß die niedersächsischen, vor allem aber die westfälischen Zementhersteller in Berlin niedrigere Durchschnittserlöse erzielen als in den nahegelegenen Absatzräumen. Berlin ist also trotz seiner exterritorialen Lage prinzipiell in das System der räumlichen Differenzierung der Erzeugerpreise eingebunden.

In Anbetracht der hohen Transportkostenbelastung des bundesdeutschen Zements ist es gleichwohl bemerkenswert, daß die Preise für DDR-Zement lediglich um gut 10 vH unter denen für vergleichbare westliche Ware - und damit über dem Preisniveau der meisten hier betrachteten Großstädte - liegen. Die Differenz zwischen dem Abgabepreis des nahegelegenen Zementwerks Rüdersdorf und dem Baustellenpreis beträgt nach den vorliegenden Informationen rund 50 DM. Zumindest im Falle der Händlerabholung sind mithin Transportkosten und Handelsspanne nicht geringer als bei den Bezügen aus dem Bundesgebiet - ein Ergebnis, das auch bei Berücksichtigung erschwerter Beförderungsbedingungen und der mehrfachen Handelseinschaltung (Importeur, Großhändler, teilweise noch Einzelhändler) erstaunlich bleibt. Bei Sackzement ist allerdings in Rechnung zu stellen, daß ein erheblicher Teil der Ware in einer Berliner Anlage abgesackt wird und dabei aufgrund der vergleichsweise geringen Betriebsgröße deutlich höhere Durchschnittskosten entstehen dürften als in entsprechenden westdeutschen Werken.

Tabelle 17:   Verbrauch von Zement in Berlin (West) 1983
                nach Herkunftsgebieten und Verkehrsträgern

Herkunftsgebiet	in 1000 t	davon (in vH) per ...		
		Lkw	Bahn	Schiff
Bundesgebiet	301	46	16	38
DDR	159	.	.	.
Polen	64	.	.	.
CSSR	10	.	.	.
Insgesamt	534	.	.	.
Quellen: Statistisches Landesamt Berlin; Senator für Wirtschaft und Verkehr, Berlin.				

Zuverlässige Informationen über die Preise tschechischer und vor allem polnischer Zemente, die seit einigen Jahren verstärkt nach Berlin drängen und 1983 einen Marktanteil von 14 vH erringen konnten, liegen nicht vor. Die polnischen Importe dürften jedoch mindestens 10 vH weniger kosten als DDR-Ware.

3.4.1.2.2 Wettbewerbssituation

Der Zementmarkt in der Bundesrepublik ist - anders als der Markt des Komplementärprodukts Kies - mehrstufig organisiert: 90 vH aller Verkäufe werden über den Großhandel abgewickelt, der neben der Zwischenfinanzierung verschiedentlich die Lagerung übernimmt, allerdings nicht in jedem Falle die Preise fixiert. Vor allem Großverbraucher kaufen häufig direkt bei den Zementherstellern (vgl. L. RALL und S. WIED-NEBBELING 1977, S. 13).

Dies gilt wohl auch für Berlin, wo nach eigenen Schätzungen auf der Basis der produzierten Mengen mehr als 70 vH des gesamten Zements bei einer kleinen Zahl von Weiterverarbeitern abgesetzt werden. Größte Verbraucher sind dabei die acht Unternehmen der Transportbetonindustrie, die drei Viertel des in der Vorfertigung eingesetzten Materials abnehmen. Die direkte Nachfrage des Baugewerbes nach Zement hat im Verlauf der vergangenen Jahrzehnte stark an Bedeutung verloren und macht gegenwärtig nur noch 30 vH des Gesamtmarktes aus (Tabelle 18). Dabei handelt es sich zum überwiegenden Teil um Sackzement. Auf diesen Teilmarkt dürften sich die "selbständigen Aktivitäten" des regionalen Baustoffgroßhandels konzentrieren, soweit es um westdeutschen Zement geht.

Diese Segmentierung korrespondiert gut mit Angaben der von verschiedenen Unternehmen der Zementindustrie getragenen Vertriebsfirma in der Stadt, wonach rund ein Drittel aller westdeutschen Zementlieferungen über die Umschlagsanlage im Berliner Westhafen disponiert, zwei Drittel dagegen direkt bei den Werken fakturiert, abgeholt und bezahlt werden. Insofern haben Großverbraucher in Berlin grundsätzlich die gleichen Bezugsalternativen wie Nachfrager aus Hamburg oder Hannover.

Insgesamt decken die Berliner Unternehmen gegenwärtig etwas mehr als die Hälfte ihres Zementbedarfs im Bundesgebiet. Damit hat sich die Position der westdeutschen Zementindustrie in der Stadt gegenüber der zweiten Hälfte der siebziger Jahre

– damals lag ihr Marktanteil noch bei fast 70 vH – zwar verschlechtert (Tabelle A 3).
Gemessen an den Verhältnissen bei anderen Schüttgütern und in Anbetracht der
Preisnachteile gegenüber Zementen aus den östlichen Nachbarländern ist sie jedoch
noch immer erstaunlich gut.

Nach Angaben von Marktteilnehmern hängt dies – von gelegentlichen Lieferschwie-
rigkeiten einmal abgesehen – primär mit Qualitätsgesichtspunkten zusammen. So
sollen Zemente aus der DDR und Polen für bestimmte hochwertige Produkte (zum
Beispiel Brücken) oder für anspruchsvolle Sichtbetone nicht in jedem Falle geeignet
sein. Außerdem bestehen Vorbehalte hinsichtlich einer gleichbleibend hohen Qualität.
Folge ist, daß Berliner Verarbeiter verschiedentlich eine größere Menge bzw. eine
höhere Festigkeitsklasse (PZ 45 statt PZ 35) einsetzen als nötig, was den Preisvorteil
reduziert oder sogar aufhebt. Schließlich wird für größere öffentliche Tiefbauprojekte
(U-Bahn, Straßentunnel) wegen des säurehaltigen Sandbodens häufig die Verwendung von Hochofenzementen vorgeschrieben. Dieses Material, das im Bundesgebiet immerhin einen Anteil von 16 vH am gesamten Zementverbrauch hat, wird von
der DDR nicht geliefert.

Tabelle 18:

Verbrauch von Portlandzement in Berlin (West) 1983 nach dem Verwendungszweck

Verwendung	in 1000 t	in vH
Herstellung von Steinen und Erden	394	72
darunter: Transportbeton	300	56
Baugewerbe	150	28
Insgesamt	534	100
Quelle: Eigene Berechnungen und Schätzungen.		

Letztlich steuern freilich die bundesdeutschen Zementhersteller Preisgefüge und Aufteilung des Berliner Marktes, und zwar über ihre regionale Vertriebsgesellschaft. Sie
hat nicht nur die Funktion eines Werkslagers für westdeutschen Zement, sondern beherrscht zugleich den Teilmarkt für DDR-Zement und hat insofern eine Schlüssel-
position innerhalb des gesamten Zementmarktes der Stadt. Zwar gibt es einen
weiteren Leithändler; er dürfte jedoch den überwiegenden Teil seiner Bezüge selbst
weiterverarbeiten und insofern den Marktpreis kaum beeinflussen. Ein gewisses
Korrektiv stellen die polnischen Importe dar; ihr Marktanteil ist indes noch zu klein,
um durchschlagende Preiswirkungen erzielen zu können.

3.4.2 Baustoffe, die in Berlin hergestellt werden

3.4.2.1 Transportbeton

3.4.2.1.1 Marktabgrenzung und Preiskomponenten

Transportbeton – ein in stationären Anlagen gemischter und in Spezialfahrzeugen an die Baustellen gelieferter Frischbeton – ist heute in praktisch allen Baubereichen der dominierende mineralische Baustoff. Er hat den auf der Baustelle gemischten Frischbeton innerhalb der letzten 15 Jahre fast völlig verdrängt; auf ihn entfallen gegenwärtig nur noch etwa 10 vH des Gesamtverbrauchs.

Neben dem Baustellenbeton gibt es prinzipiell eine ganze Reihe von Substitutionsprodukten für Transportbeton. Dazu gehören im Hochbau vorgefertigte Betonstützen und -träger (Großformatige Fertigteile sind eher Substitute für klassische Wandbaustoffe), im Straßenbau Bituminöses Mischgut und Betonwaren, im sonstigen Tiefbau und im Brückenbau Stahl. Gleichwohl dürfte der kurzfristig relevante Substitutionsbereich lediglich einen geringen Teil des gesamten gegenwärtigen Marktvolumens von Transportbeton ausmachen; bei den meisten Verwendungsweisen haben sich, nicht zuletzt aus institutionellen Gründen, Substitutionslücken herausgebildet. Insofern erscheint hier eine isolierte Betrachtung der Preisbildung für Transportbeton gerechtfertigt. [17]

In räumlicher Hinsicht zerfällt der Transportbetonmarkt in eine Vielzahl lokaler und regionaler Märkte, die sich wegen der Kettenbeziehungen zwischen den Werken in der Regel nicht eindeutig abgrenzen lassen. Die Möglichkeiten der Hersteller, ihren Absatzradius auszudehnen (was zum Beispiel bei Preissteigerungen im benachbarten Gebiet interessant sein könnte) sind allerdings schon wegen der zeitlich limitierten Verarbeitungsfähigkeit des Produktes geringer als bei den meisten anderen Baustoffen. Hinzu kommen wirtschaftliche, vor allem in den vergleichsweise hohen Kosten für die Mischfahrzeuge begründete Restriktionen. Im Durchschnitt des Bundesgebietes beträgt die mittlere Versandweite 16 km; dabei entfallen auf jedes Fahrzeug fünf Touren täglich (vgl. BUNDESVERBAND TRANSPORTBETON 1983, S. 8).

Transportbeton wird in der Regel direkt abgesetzt; über den institutionellen Baustoffhandel laufen nach Schätzungen von Marktkennern höchstens 20 vH der Produktion.

Ein kostenorientierter Ansatz zur Erklärung regionaler Preisunterschiede setzt daher am besten auf der Ebene der Produktion an.

Herausragender Kostenfaktor sind die Materialkosten; sie machen annähernd 70 vH des Bruttoproduktionswertes aus.[18] Dabei schwankt der Bedarf an Zuschlagstoffen (Kies und Sand), Bindemittel (Zement) und Wasser mit den jeweiligen Anforderungen an den Beton. Für einen cbm Beton der Festigkeitsklasse B 25 und des Konsistenzbereichs K 3 – der mit einem Marktanteil von 60 vH in Berlin dominierenden und dem hier durchgeführten Preisvergleich zugrundeliegenden Mischung – werden bei günstigem Sieblinienbereich und Größtkorn 32 mm insgesamt 1000 kg Körnung, 800 kg Sand, 340 kg Zement PZ 35 (bzw. 310 kg Zement PZ 35 und 50 kg Füller) sowie 190 l Wasser benötigt. Für diese Materialien muß nach eigenen Berechnungen auf der Basis von Marktpreisen und ohne Berücksichtigung von Sonderkonditionen zum Bezug der Stoffe aus eigenen oder verbundenen Werken in Berlin fast ein Viertel mehr als in Stuttgart und rund ein Drittel mehr als in Hamburg bezahlt werden (Tabelle 19). Noch größer ist der Abstand gegenüber den anderen Vergleichsgebieten, wo die Transportbetonwerke meist in geringer Entfernung zu den Kiesgruben angesiedelt sind. Dennoch: Selbst diese gravierenden Unterschiede in den Vorleistungskosten erklären nicht einmal die Hälfte der Preisdifferenzen zwischen Berlin und den westdeutschen Referenzräumen. Zu ähnlichen Aussagen kommt SCHOTT (1972, S. 57) auf der Basis interregionaler Betriebsvergleiche bereits für das Referenzjahr 1971.

Das Ergebnis ändert sich nur wenig, wenn man einmal unterstellt, daß der Zementgehalt der miteinander verglichenen Betone im übrigen Bundesgebiet geringer ist als in Berlin. Im Extremfall – für die in westdeutschen Regionen bei B 25 häufig gewählte Konsistenz K 2 – beträgt der Minderverbrauch nach DIN 1164 und unter sonst gleichen Bedingungen 30 kg/cbm oder knapp 10 vH (bzw. entsprechend geringere Mengen Füller oder Verflüssiger). Die Kosten des gesamten Materialeinsatzes verringern sich dadurch um höchstens 3 DM/cbm.

Keine Hinweise auf zusätzliche regionale Belastungen gibt es beim zweiten Kostenblock, dem im Betonwerk entstehenden Aufwand. Er umfaßt Fertigungslöhne, Energiekosten, Abschreibung und Unterhaltung der Anlagen sowie Kosten für Vertrieb und Verwaltung und schwankt nach Kalkulationen einzelner Unternehmen um 15 DM je cbm, das entspricht einer Wertschöpfungsquote zwischen 10 vH und 15 vH.

Tabelle 19

Kostenstruktur[1] der Transportbeton-Industrie
in ausgewählten Ballungsräumen 1983

Region	Material	Fertigung	Transport	Kosten insgesamt	
	DM/cbm				in vH des Erlöses
Berlin (West)	91	15	22	128	83
Stuttgart	76	15	20	111	96
Hamburg	70	15	20	105	105
1) Bei Vollkostenkalkulation; in Berlin ohne Berücksichtigung der Investitionsförderung; Basis der Rechnung: Beton B 25 / K 3 / PZ 35 F. Quelle: Eigene Schätzungen.					

Nun sind allerdings nach Aussagen der Produzenten in Berlin neben den Materialkosten auch die Vertriebskosten höher als in westdeutschen Ballungsgebieten, und zwar deshalb, weil hier einmal die Zahl der täglichen Umläufe relativ niedrig, zum anderen der durchschnittliche Nutzraum der eingesetzten Fahrzeuge vergleichsweise gering sein soll.

Beide Argumente überzeugen nicht:

– In Hamburg versorgen zum Beispiel 16 Werke, davon 10 innerhalb des Stadtgebietes und 6 in der unmittelbaren Umgebung, eine Fläche von etwa 850 qkm, im Durchschnitt entfallen also 53 qkm auf eine Produktionsstätte. In Berlin gibt es 10 Werke auf einer Fläche von 480 qkm; das durchschnittliche Absatzgebiet ist mithin hier kleiner als dort. Dabei liegen keine Anhaltspunkte für eine ungünstigere Lage bzw. Verteilung der Werke in Berlin vor. Die offenkundig existierende Kooperation der Hersteller bei der Auslieferung des Betons, auf die noch näher eingegangen werden soll, läßt für Berlin eher relativ enge Liefer-Radien mit entspechend geringeren Transportkosten vermuten. Schließlich ist zu berücksichtigen, daß zumindest in den eng bebauten und verkehrsmäßig überlasteten Städten Köln, Frankfurt und Stuttgart – wo noch die "ungünstige" topographische Situation hinzukommt – der Verkehrsfluß geringer ist als in Berlin.

- Der Anteil der Fahrmischer mit einem Nutzraum von mehr als 6,5 cbm liegt im Durchschnitt des Bundesgebietes bei etwa 10 vH (vgl. BUNDESVERBAND TRANSPORTBETON 1982/83, S. 56). Zwar fehlen differenzierte Angaben für Berlin und die anderen Vergleichsgebiete. Nach eigenen Beobachtungen dürfte jedoch die Größenstruktur der Fahrzeuge in der Stadt nicht wesentlich anders sein als in Westdeutschland.

Nimmt man dennoch einmal an, daß die Transportkosten hier um durchschnittlich 10 vH über denen der Vergleichsgebiete liegen, so macht die zusätzliche Belastung bei einem geschätzten mittleren Beförderungssatz von 20 DM/cbm lediglich 2 DM/cbm aus. Gemessen an der gesamten regionalen Preisdifferenz ist dies außerordentlich wenig.

Bei all diesen Kalkulationen sind die liquiditätsschaffenden und zugleich kostensenkenden Effekte der Berliner Investitionspräferenzen – der steuerfreien Investitionszulage nach § 19 BerlinFG und der erhöhten Absetzungen für abnutzbare Wirtschaftsgüter des Anlagevermögens nach § 14 BerlinFG – noch nicht berücksichtigt:

- Die Investitionszulage beträgt bei Fertigungsanlagen des verarbeitenden Gewerbes 25 vH, ansonsten 10 vH des Anschaffungswertes von Wirtschaftsgütern. Diese Differenzierung hat unter anderem zur Folge, daß verschiedene Hersteller einerseits die benötigten Rohstoffe mit eigenen (Silo-)fahrzeugen im Werksverkehr beschaffen, andererseits den Beton im Werk nur trocken mischen und den endgültigen Mischvorgang erst in den Fahrzeugen durchführen.[19] In beiden Fällen gelten die entsprechenden Fahrzeuge als Teil der Fertigungsanlage und sind insofern mit 25 vH zulagenfähig – ein Satz, der bei den absolut wie relativ hohen Anschaffungskosten der Spezialfahrzeuge ganz erheblich zu Buche schlägt und etwa vorhandene Standortnachteile bei den laufenden Kosten in jedem Fall ausgleicht.

- Die Abschreibungspräferenz besteht darin, daß abnutzbare Wirtschaftsgüter des Anlagevermögens im Jahr der Anschaffung bzw. Herstellung oder (beliebig) in diesem und den vier folgenden Wirtschaftsjahren bis zur Höhe von insgesamt 75 vH der ungekürzten Anschaffungs- bzw. Herstellungskosten abgeschrieben werden können. Damit wird der zur Ertragsbesteuerung herangezogene Gewinn in Berlin durch Investitionen wesentlich stärker gemindert als an anderen Standorten. Bei den außergewöhnlich günstigen Ertragsverhältnissen der Branche auf dem regionalen Markt erhalten die Unternehmen in der Regel hohe zinslose Kredite aus Steuerverlagerung, die zur Finanzierung der Investitionen herangezogen werden können und eine zinsaufwendige Kapitalbeschaffung ersetzen.

Im Transportbeton-Bereich sind die beiden Präferenzen noch aus einem weiteren Grunde besonders wirksam: Da einerseits die meisten Unternehmen zugleich in Berlin und im übrigen Bundesgebiet produzieren, andererseits der gewichtigste Teil der steuerbegünstigten Produktionsanlagen - der Fahrzeugpark - räumlich mobil und praktisch in jedem Fertigungsbetrieb einsetzbar ist, können die steuerbegünstigten Wirtschaftsgüter nach der gesetzlich vorgeschriebenen Verbleibensfrist von drei Jahren wesentlich leichter als die Produktionsmittel anderer Industriezweige außerhalb Berlins verwertet werden.

Die zu erwartende und bei verschiedenen Unternehmen auch beobachtete vergleichsweise hohe Umschlagshäufigkeit des Fahrzeugparks hat, von den Steuerausfällen einmal abgesehen, zwei Effekte:

- In Berlin liegt das Durchschnittsalter der Fahrmischer unter dem westdeutschen Mittelwert von etwa sechs Jahren. Das Gerät ist weniger reparaturanfällig und arbeitet aufgrund kontinuierlicher technischer Entwicklungen tendenziell rationeller - mit entsprechenden Kostenvorteilen.

- Die zum Ausgleich berlinspezifischer Kostenbelastungen gewährten steuerlichen Vergünstigungen beeinflussen bei voller Ausnutzung der gesetzlichen Möglichkeiten zur räumlichen Verlagerung finanziell geförderter Produktionsanlagen bereits nach deren halber Lebensdauer die Wettbewerbsverhältnisse auf auswärtigen Regionalmärkten. Diese - wettbewerbspolitisch durchaus problematischen - "Fernwirkungen" der geltenden Berlinförderung werden im konkreten Fall noch dadurch verschärft, daß Transportbeton-Mischer als Baugeräte gelten, diese aber - bei allerdings vollkommen anders gearteter Ausgangssituation (Kapazitätsauslastung von Groß- und Spezialgeräten auf kleinen Märkten) - bereits während der dreijährigen Verbleibensfrist jeweils für fünf Monate jährlich außerhalb Berlins eingesetzt werden dürfen.

Eine Gegenüberstellung der gesamten Kosten (Material, Produktion, Verwaltung und Vertrieb, Transport) und der Verkaufserlöse zeigt, daß die Ertragsverhältnisse in den betrachteten Regionen äußerst unterschiedlich sind: In Hamburg – aber auch in Frankfurt und in einigen anderen Gebieten – sind die (1983) erzielten Preise insgesamt nicht kostendeckend. Anders ist die Situation in Stuttgart, wo selbst bei Vollkostenkalkulation mit Gewinn verkauft wird. Auch dort bewegen sich die Reinerträge allerdings in einer wesentlich geringeren Größenordnung als in Berlin: Hier dürften die Umsatzrenditen trotz der ungewöhnlich hohen Verkaufserlöse mehr als 10 vH erreichen.

3.4.2.1.2 Wettbewerbssituation

Die außerordentlich gute Ertragslage der Berliner Transportbetonindustrie dürfte zunächst einmal damit zusammenhängen, daß sich die Nachfrage hier seit mehreren Jahren günstiger entwickelt als in den meisten westdeutschen Vergleichsräumen: Zwar sind Produktion und Absatz der Branche zwischen 1979 und 1982 auch in Berlin zurückgegangen (Tabelle 20); die Einbuße war jedoch mit 15 vH relativ gering. Im Referenzjahr 1983 schließlich expandierte das Produktionsvolumen in der Stadt weit überdurchschnittlich. Mit einer Jahresfertigung von insgesamt etwa 900 000 cbm und einem Umsatz von schätzungsweise 150 Mill. DM gehört Berlin zweifellos zu den größten deutschen Regionalmärkten[20].

Die regionalen Ertragsdifferenzen können allerdings nicht allein auf Unterschiede in der Entwicklung des Nachfrage-Angebots-Verhältnisses zurückgeführt werden. Schon die Tatsache, daß die Marktpreise in Berlin auch in einer Phase sinkender Kapazitätsauslastung gestiegen, in den meisten der betrachteten westdeutschen Regionen, insbesondere in Hamburg und Frankfurt, dagegen deutlich gefallen sind, weist auf regionale Abweichungen in Marktstruktur und Verhalten der Anbieter hin. Während auf wichtigen Regionalmärkten des Bundesgebietes offenbar vor allem die kleineren, konzernunabhängigen Transportbetonunternehmen, die im Durchschnitt der gesamten Volkswirtschaft einen Marktanteil von etwa 30 vH besitzen, versucht haben, die Auslastung ihrer Anlagen durch Preisunterbietungen zu steigern und mit diesem Verhalten eine generelle Preissenkung bewirkten, haben die Berliner Produzenten die mit sinkender Auslastung einhergehenden Stückkostensteigerungen zumindest teilweise auf ihre Abnehmer überwälzt: Zwischen 1979 und 1982 sind die (sortenspezifischen) Preise um durchschnittlich jährlich 7 vH angehoben worden, obwohl die Produktion um jeweils 5 vH zurückgefahren werden mußte. Voraussetzung für eine derartige Preispolitik ist ein abgestimmtes bzw. stillschweigend solidarisches Verhalten der Marktteilnehmer und damit sowohl eine überschaubare Zahl von Konkurrenten als auch ausreichende Kontrollmöglichkeiten.

Tabelle 20

Entwicklung von Produktion und Umsatz in der
Berliner Transportbeton-Industrie[1] 1979 bis 1983

Jahr	Zahl der Unternehmen	Produktion (1000 cbm)	Umsatz (Mill. DM)	durchschn. Preis je cbm.
1979	8	800	103	129
1980	8	740	104	141
1981	8	700	104	149
1982	8	690	110	159
1983	8	790	130	165

1) Ohne Transportbetonwerke der Bauwirtschaft.

Quelle: Eigene Schätzungen auf der Basis der vierteljährlichen amtlichen Produktionsstatistik.

Diese Voraussetzungen sind auf dem eng begrenzten, in sich transparenten und kurzfristig von außen kaum aufzubrechenden Berliner Markt zweifellos gegeben:

- Von seiner Struktur her ist der Markt als enges Oligopol zu charakterisieren. Es besteht aus einem Marktführer, der nach eigenen Schätzungen rund ein Drittel des Absatzes auf sich vereint sowie sieben weiteren Anbietern, deren Marktanteile sich nicht wesentlich voneinander unterscheiden dürften.

- Sechs Unternehmen mit einem Anteil am Branchenumsatz von schätzungsweise 75 vH waren bis vor kurzem über eine gemeinsam betriebene Vertriebsgesellschaft, die Transportbeton-Agentur GmbH, eng miteinander verbunden: Durch zentrale Steuerung und Zuordnung von Bestellungen auf die einzelnen Produktionsstätten sollte primär eine Verringerung der Lieferradien und damit eine Senkung der Transportkosten erreicht werden. Die Kooperation ermöglichte jedoch zugleich den Abbau unerwünschter Unterschiede in der Auslastung der angeschlossenen Mischwerke.

Bei den Abnehmern von Transportbeton wirkte sich diese Art der Zusammenarbeit vor allem darin aus, daß ihre Aufträge vielfach nicht von dem beauftragten, sondern von einem anderen – allerdings nicht immer näher an der zu beliefernden Baustelle gelegenen – Hersteller ausgeführt wurden. Die Rechnungslegung und damit auch die für Mengenrabatte, Boni oder Treueprämien wichtige Geschäftsbeziehung zwischen dem Kunden und einem bestimmten Lieferanten wurden dagegen durch die (zumindest partielle) Vergemeinschaftung von Produktion und Vertrieb nicht tangiert.

Ein derartiges Verfahren, das nur bei homogenen Gütern funktioniert, nach Angaben von Branchenkennern aber im übrigen Bundesgebiet nicht üblich ist, erhöht sicherlich die technische Effizienz im Sinne der gesamtwirtschaftlich kostenminimalen Produktion eines vorgegebenen Outputs. Es impliziert jedoch gleichzeitig eine umfassende Abstimmung der beteiligten Unternehmen und schränkt deren individuelle Aktionsmöglichkeiten auf dem Markt ein. Insbesondere müssen Vorstellungen über die Verteilung des Auftragsvolumens auf die Mitgliedsfirmen entwickelt, also Produktionsquoten ausgehandelt sowie Verrechnungspreise festgelegt werden. Bei dieser Konstellation liegt die Vermutung einer suboptimalen allokativen Effizienz nahe; rationalisierungsbedingte Kostenvorteile dürften in geringerem Maße auf die Produktpreise durchschlagen als unter den Bedingungen eines funktionsfähigen Wettbewerbs.

Offenbar in Erwartung kartellrechtlicher Maßnahmen – ein Ermittlungsverfahren des Landeskartellamtes war formell eingeleitet – ist die Transportbetonagentur Berlin zum Jahresende 1983 formell aufgelöst worden. Hinweise auf einen aktiveren Preiswettbewerb der ehemaligen Betreiber gibt es jedoch bislang nicht. Angaben einer größeren Zahl von Abnehmern zufolge sind Auftragnehmer und

Lieferant nach wie vor nicht immer identisch – eine Erscheinung, die auf anhaltende Zusammenarbeit zumindest einzelner Beton-Hersteller schließen läßt.

Die Höhe des Marktpreises wird vermutlich vom Marktführer bestimmt; die anderen Unternehmen dürften durchweg Preisfolger sein. Dabei resultiert die Preissetzungsmacht des Marktführers nicht allein aus seinem dominierenden Anteil am Transportbetonmarkt, sondern auch aus seiner starken Position auf den Märkten für Basisbaustoffe, das heißt, aus gewissen Abhängigkeiten im Vorleistungsbereich: So bestimmt der Preisführer auf dem Transportbetonmarkt als einer der beiden großen Importeure für Kies und Sand zugleich deren Preis. Außerdem bezieht er den für die eigene Produktion benötigten Zement direkt aus der DDR – oder auch aus westdeutschen Werken –, während seine Konkurrenten über den Handel kaufen müssen. Damit verfügt er über wirksame Aktionsparameter, um Preisunterbietungen zu unterlaufen, also um paralleles Verhalten der Konkurrenten herbeizuführen.

Unter diesen Bedingungen, bei der angenommenen geringen Preiselastizität der Nachfrage und infolge der räumlichen Isolierung des Berliner Marktes kann der Preis in gewisser Weise beliebig fixiert werden, ohne daß die zu diesem Preis anbietenden Unternehmen kurzfristig eine Verringerung ihrer Absatzmenge befürchten müßten. Mittelfristig ist im Falle überdurchschnittlich rentabler Preise allerdings auch auf dem Berliner Markt mit neuen Anbietern zu rechnen. Um dies zu verhindern – und um der Gefahr eines Verfahrens wegen mißbräuchlicher Ausnutzung einer marktbeherrschenden Stellung zu entgehen – mußte der Preisführer bestrebt sein, den Gewinnaufschlag (auf die zu Marktpreisen kalkulierten Stückkosten) nicht zu hoch festzusetzen. Eine solche Optimierung des Preises scheint indes nicht gelungen zu sein, denn seit 1979 gibt es – ganz offensichtlich angezogen von den attraktiven Gewinnaussichten – einen zusätzlichen potenten Produzenten auf dem regionalen Transportbetonmarkt[21]. Außerdem betreiben verschiedene größere, durchweg überregional tätige Bauunternehmen – vermutlich als Reaktion auf die Gründung der Transportbetonagentur – bereits seit Mitte der siebziger Jahre ein eigenes Transportbetonwerk.

Beide Unternehmen dürften inzwischen mindestens 20 vH der gesamten Transportbeton-Produktion in der Stadt auf sich vereinen. Daß es trotz dieser Verschiebung der Marktanteile nicht zu einem stärkeren Preiswettbewerb gekommen ist, hängt wohl mit dem räumlich begrenzten Einfluß bzw. den spezifischen Interessen der neuen Wettbewerber zusammen:

- Für das eigenständige Betonwerk ist ein begrenzter, unter anderem durch die stadträumliche Lage determinierter Marktanteil bei den geltenden hohen Erlösen offenbar "ertragreicher" als eine durch Preiszugeständnisse erkämpfte Ausweitung seiner Absatzmenge. Sie wäre unter Umständen mit steigenden Durchschnittskosten verbunden, da die Fixkostendegression wegen des unterdurchschnittlichen Fixkostenanteils an den Gesamtkosten relativ geringe Bedeutung hat, die gewichtigeren variablen Kosten hingegen mit zunehmendem Absatzradius rasch steigen.

Von diesen Überlegungen einmal abgesehen, wäre das Unternehmen als Niederlassung eines weltweit operierenden Betonkonzerns sicherlich in der Lage gewesen, einen breiter angelegten Preiswettbewerb anzufachen. Diese Möglichkeit dürfte eine wesentliche Voraussetzung dafür gewesen sein, daß es dem Unternehmen gelungen ist, sich auch ohne Kundenstamm und ohne eigene Rohstoffbasis auf dem regionalen Markt zu etablieren.

- Das von den Berliner Niederlassungen größerer Bauunternehmen betriebene Transportbetonwerk liefert zwar einzelnen Informationen zufolge an die Gesellschafter um mindestens 15 vH preisgünstiger als die übrigen Hersteller[22] - und dies, obwohl die Zuschlagstoffe über die ansässigen Berliner Händler bezogen werden müssen und das Werk sowohl wegen seiner verkehrsräumlichen Situation als auch wegen seiner Zugehörigkeit zum Baugewerbe mit einer entsprechenden Bindung an die dortigen hohen Lohntarife relativ ungünstige Ausgangsbedingungen hat. Andererseits gibt es jedoch keine Hinweise darauf, daß "externen" Kunden, die bis zur Hälfte der Gesamtproduktion abnehmen sollen, wesentlich niedrigere Preise eingeräumt werden als von den Wettbewerbern. Da ein Teil der Fremdabnehmer Konkurrenten der das Werk betreibenden Bauunternehmen sind und eine Marktspaltung nur begrenzt möglich ist, wäre eine andere Preispolitik letztlich auch nur dann verständlich bzw. erforderlich, wenn die Anlage nicht ausgelastet wäre und überdies die wirtschaftlichen Vorteile einer preispolitisch induzierten Erhöhung der Kapazitätsauslastung größer eingeschätzt würden als die wirtschaftlichen Nachteile, die sich aus einer Stärkung der Marktposition der Abnehmer von Transportbeton für die Gesellschafter als Anbieter von Bauleistungen ergeben.

3.4.2.2 Kalksandstein
3.4.2.2.1 Marktabgrenzung und Preiskomponenten

Kalksandstein ist ein aus Weißfeinkalk und quarzreichem Sand gepreßter und unter Dampfdruck gehärteter Mauerstein. Er wird in verschiedenen Formaten und Rohdichten angeboten und ist der in Berlin sowie im nördlichen Teil des übrigen Bundesgebietes am häufigsten verwendete Wandbaustoff. Substitutionsprodukte für den Kalksandstein sind vor allem Ziegelsteine, Gasbetonsteine und – regional begrenzt – Bimssteine. Bei verschiedenen Gebäudetypen konkurriert Kalksandstein auch mit großformatigen Stahlbeton-Fertigteilen und Holzständerkonstruktionen.

Im Westen und Norden der Bundesrepublik gibt es – begünstigt durch die weitreichenden Sandvorkommen – ein engmaschiges Netz von Kalksandsteinwerken. Besonders groß ist die Produktionsstättendichte in Nordrhein-Westfalen. Aber auch im Gebiet der hier betrachteten Regionalmärkte Hamburg und Hannover produziert jeweils eine größere Zahl von Unternehmen (Schaubild 7). Entsprechend klein sind deren Absatzräume: Die maximale Versandweite für den Normalstein dürfte bei 50 km liegen. Höherwertige Sorten werden – ebenso wie porosierte Ziegel und Gasbetonsteine – über größere Strecken geliefert; Entfernungen von mehr als 100 km dürften jedoch auch bei solchen Erzeugnissen die Ausnahme sein.

Die Standorte der Kalksandsteinwerke sind durchweg an den Sandvorkommen orientiert. Gleichwohl ist es vielfach unvermeidbar, daß ein Teil des Ausgangsmaterials über eine gewisse Distanz befördert werden muß. Im Hannoveraner Raum beispielsweise beträgt der durchschnittliche gewichtete Transportweg von den Abbaustätten zu den Produktionsbetrieben nach Angaben des Niedersächsischen Geologischen Landesamtes etwa 10 km; für den Hamburger Raum können ähnliche Verhältnisse vermutet werden. Kalk wird von den Verbrauchern beider Regionen aus 60 bis 100 km entfernt gelegenen Werken bezogen, die Lieferungen nach Hannover stammen vor allem von der Weser und aus dem Harz, die Lieferungn nach Hamburg von der Unterelbe.

In Berlin muß der ganz überwiegende Teil des benötigten Materials überregional beschafft werden. Zwar verfügt die Stadt über geeignete Sandvorkommen; die ausgewiesenen Vorräte und die genehmigten Abbaumengen sind indes gering und können den laufenden Bedarf bei weitem nicht decken. Kalk wird in der Stadt überhaupt

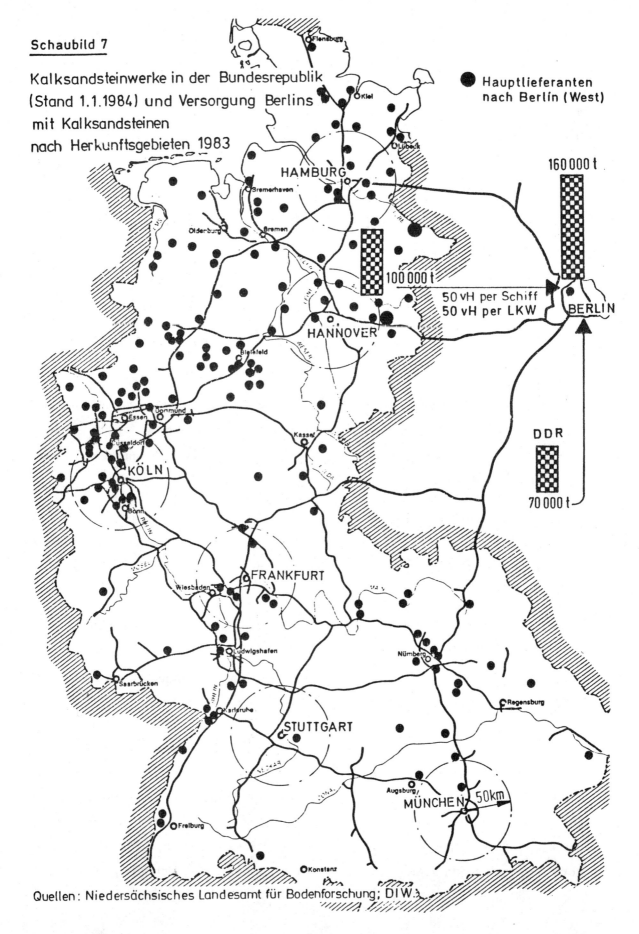

Schaubild 7

Kalksandsteinwerke in der Bundesrepublik
(Stand 1.1.1984) und Versorgung Berlins
mit Kalksandsteinen
nach Herkunftsgebieten 1983

● Hauptlieferanten
nach Berlin (West)

160 000 t

100 000 t

50 vH per Schiff
50 vH per LKW

BERLIN

DDR

70 000 t

Quellen: Niedersächsisches Landesamt für Bodenforschung; DIW.

103

nicht hergestellt. In dieser Situation – und bei den geschilderten Rahmenbedingungen des regionalen Marktes – ist es praktisch unvermeidlich, daß die Stoffkosten für die Produktion von Kalksandsteinen höher sind als in den Vergleichsgebieten. Modellrechnungen auf der Basis von Unternehmensangaben machen dies sehr deutlich. Danach ergibt sich folgendes Bild:

- Kalk kostet in Norddeutschland ab Werk je nach Qualität zwischen 110 DM und 120 DM je Tonne. Die Transportkosten sind für Hamburg und Hannover auf 15 DM/t zu veranschlagen, für die Relation zwischen den westdeutschen Lieferwerken und Berlin betragen sie dagegen bei tarifgerechter Beförderung mindestens 45 DM/t. Unter der Voraussetzung, daß die Produzenten ihre Abgabepreise regional nicht differenzieren, beträgt der durchschnittliche Einstandspreis in den beiden norddeutschen Stadtregionen 130 DM, in Berlin jedoch 160 DM und mehr. Die zusätzlichen Transportkosten verteuern das Produkt mithin um rund 25 vH.

- Bei Sand dürften die Preisunterschiede noch stärker ausgeprägt sein als bei Kalk. Während für die norddeutschen Kalksandstein-Hersteller ein mittlerer Frei-Haus-Preis von 7 DM/t sicherlich die Obergrenze darstellt, müssen in Berlin 14 DM/t bezahlt werden[23].

- Bei einem Mischungsverhältnis der Feststoffe von 8 vH Kalk und 92 vH Sand – das allerdings nur für Steine bestimmter Rohdichten gilt und insofern nicht zwangsläufig einen repräsentativen Durchschnitt wiedergibt – kosten die Einsatzstoffe für eine Tonne Kalksandstein

    in Hamburg und Hannover etwa 17 DM,
    in Berlin dagegen   26 DM,

das heißt, die Aufwendungen für die materiellen Vorleistungen sind in der Stadt um rund 50 vH höher als in den Vergleichsregionen.

Geht man in Anlehnung an die Kostenstrukturstatistik des Statistischen Bundesamtes davon aus, daß die Materialkosten etwa ein Viertel des Bruttoproduktionswertes ausmachen und nimmt man zugleich an, daß die Herstellungskosten in Berlin um 10 vH über denen der norddeutschen Werke liegen – ein Satz, der einerseits den überdurchschnittlich hohen Berliner Energiepreisen Rechnung trägt, andererseits aber auch die steuerlichen Vergünstigungen für Investitionen berücksichtigt –, so betragen die gesamten Kosten für Vorleistungen, Herstellung und Vertrieb (immer auf Basis 1983)

in Hamburg und Hannover 62 DM,

in Berlin   74 DM, also 20 vH mehr.

Tatsächlich dürfte der Abstand zumindest gegenüber dem Hannoveraner Raum noch höher sein, da einige der dort produzierenden Werke in erheblichem Maße polnischen Kalk verwenden, der rund ein Drittel weniger kostet als westdeutsche Ware[24]. Bereits eine Substitutionsquote von 50 vH vergrößert aber den Berliner "Produktions-kostennachteil" auf 25 vH.

Ein Vergleich der regionalen Differenzen von so ermittelten Kosten und durchschnitt-lichen Marktpreisen (Tabelle 2) zeigt gegenüber Hamburg nur geringe, gegenüber Hannover dagegen erhebliche Abweichungen. Von diesem Ergebnis auf die jeweilige Ertragslage zu schließen, ist allerdings unzulässig. Während nämlich die in den beiden westdeutschen Städten vertriebenen Steine überwiegend aus den entsprechenden Regionen selbst stammen, Kosten und Preise sich mithin grundsätzlich auf dieselben Produkte beziehen, stellen die in Berlin erzeugten Steine nur etwa die Hälfte des Gesamtmarktes; die andere Hälfte wird importiert, und zwar vermutlich zu deutlich niedrigeren Preisen. Dies in Rechnung gestellt, ergibt sich, daß die in Berlin – von Erzeuger und Händlern zusammen – erzielten Erträge auch auf dem Markt für Kalk-sandsteine verhältnismäßig hoch sind.

3.4.2.2.2   Wettbewerbssituation

Die marktstrukturellen Bedingungen, unter denen sich in Berlin die Preise für Kalk-sandstein bilden, sind in zweifacher Hinsicht ungewöhnlich:

Zum einen sind drei Viertel aller in der Stadt verbauten Mauerwerkselemente Kalk-sandsteine. Im Durchschnitt des Bundesgebietes ist deren Anteil am sachlich rele-vanten Gesamtmarkt – bei allerdings erheblichen regionalen Unterschieden – lediglich halb so groß (Tabelle 21), und selbst der sandreiche norddeutsche Raum weist eine wesentlich ausgewogenere Produktstruktur auf. Kalksandsteine dürften dort deutlich weniger als die Hälfte aller kleinformatigen Wandbaustoffe stellen.

Tabelle 21

Struktur des Marktes für Wandbaustoffe[1]
in Berlin (West) und im Bundesgebiet 1983

Baustoff	Berlin (West)		Bundesgebiet[2]
	1000 t	Struktur in vH	
Kalksandstein	330	75	35
Ziegel	85	19	39
Gasbeton	18	4	10
Sonstige	10	2	16
Insgesamt	443	100	100

1) Im Bundesgebiet: Produktion der Betriebe mit 20 und mehr Beschäftigten, in Berlin (West): Produktion und Bezüge.- 2) Einschließlich
Berlin (West).

Quellen: Bundesverband Kalksandsteinindustrie; Statistisches Landesamt
Berlin; Senator für Wirtschaft und Verkehr, Berlin; eigene
Berechnungen und Schätzungen.

Zum anderen ist das Angebot an Kalksandsteinen in Berlin hoch konzentriert. Der
einzige Hersteller ist zugleich alleiniger Importeur von Kalksandsteinen aus der DDR
und deckt insgesamt 70 vH der regionalen Nachfrage. In den Regionen Hamburg und
Hannover produzieren demgegenüber jeweils etwa zehn Unternehmen. Zwar ist zu
vermuten, daß es im Rahmen stillschweigender oder offener Kooperationen – Mittelstandskartelle spielen gerade im Kalksandsteinbereich eine erhebliche Rolle (vgl.
BUNDESKARTELLAMT 1983, S. 198 ff) – auch zu Abstimmungen des Preisverhaltens
kommt. Die Wirksamkeit einer (partiellen) Einschränkung des brancheninternen Preiswettbewerbs wird jedoch schon durch den intensiven Substitutionswettbewerb der
Anbieter von Ziegeln und Gasbetonsteinen begrenzt – ein Regulativ, das in Berlin
weitgehend fehlt.

Trotz hoher regionaler Preise und Erträge beschränkte sich die E i n f u h r v o n K a l k s a n d s t e i n aus Westdeutschland bis vor kurzem auf bestimmte Sorten und Gelegenheitsgeschäfte. Zusätzliche, mit dem heimischen Hersteller konkurrierende Anbieter traten auf dem Berliner Markt nicht auf. Dies dürfte einmal damit zusammenhängen, daß Kalksandstein durchweg über den Handel vertrieben wird, die ansässigen Baustoffhändler aber schon wegen der erforderlichen Sortimentsbreite auf gute Geschäftsbeziehungen zum Berliner Hersteller angewiesen sind. Er produziert neben den gängigen Massensteinen eine Vielzahl von Sonderformaten und verfügt damit über ein wichtiges absatzpolitisches Instrument.

Ein weiterer Grund für das über lange Zeit schwach ausgeprägte Interesse auswärtiger Produzenten am Berliner Markt war neben der geringen Transparenz die meist hinreichende Auslastung ihrer Fertigungsstätten. Mit den zunehmenden Überkapazitäten und der sich öffnenden Preisschere zwischen Berlin und dem Bundesgebiet bieten jedoch westdeutsche Hersteller verstärkt in Berlin an. Dabei handelt es sich zum überwiegenden Teil um niedersächsische Firmen, die aufgrund kostengünstiger Produktion und guter Anbindung an die überregionalen Verkehrswege sowohl per Binnenschiff als auch im Werks-Straßenverkehr konkurrenzfähig nach Berlin liefern können. Der Zutritt zum Markt wird ihnen durch die zunehmende Tätigkeit westdeutscher, insbesondere auch niedersächsischer Bauunternehmen in der Stadt erleichtert; mit diesen Unternehmen bestehen in der Regel – zumindest über den örtlichen Großhandel oder über Vertriebskontore der Hersteller – bereits Geschäftskontakte. Insgesamt hat sich die Einfuhr westdeutscher Kalksandsteine zwischen 1980 und 1983 verdoppelt; ihr Marktanteil ist bei insgesamt stagnierendem Absatz von 15 vH auf 30 vH gestiegen (Tabelle 22).

Der Preiseffekt dieser räumlichen Substitution läßt sich nicht beziffern, da die Berliner Baustoffhändler offenbar Mischpreise bilden und sich so einen gewissen Manövrierspielraum schaffen. Der ansässige Hersteller hat jedenfalls bisher nicht versucht, seine Marktposition durch Ermäßigung der Abgabepreise wieder zu verbessern. Diese preispolitische Zurückhaltung könnte aus der Erwartung resultieren, daß mögliche Preisvorteile der westdeutschen Lieferanten mit der aktuellen Anpassung der Produktionskapazitäten an die rückläufige Baunachfrage zusammenhängen und insofern nicht dauerhaft sind, sie könnte jedoch auch Ausdruck einer – dann vermutlich zwischen den Beteiligten vereinbarten – Produktions- und Marktteilung sein.

Für ein zumindest zwischen zwei Wettbewerbern abgestimmtes Verhalten spricht, daß eine Tochtergesellschaft des Berliner Kalksandstein-Herstellers (Schaubild 3, S. 52) zusammen mit einem der beiden gewichtigen westdeutschen Kalksandstein-Lieferanten und dem Berliner Großhändler dieses Unternehmens eine Firma betreibt, welche die per Binnenschiff in die Stadt verfrachteten Steine löscht, umschlägt und lagert.

Tabelle 22

Verbrauch von Kalksandsteinen in Berlin (West) 1983
nach Herkunftsgebieten und Verkehrsträgern

Herkunftsgebiet	in 1000 t	davon (in vH) per		
		Lkw	Bahn	Schiff
Berlin (West)	160	.	.	.
Übr. Bundesgebiet	100	50	–	50
DDR	70	–	–	100
Insgesamt	330	.	.	.

Quellen: Statistisches Landesamt Berlin; Senator für Wirtschaft und Verkehr, Berlin; eigene Schätzungen.

Substitutionsprodukte für den Kalksandstein aus dem Mauerstein-Bereich, insbesondere Z i e g e l s t e i n e , werden in Berlin nicht (mehr) hergestellt. Die DDR produziert diesen Baustoff nicht in der erforderlichen Qualität. 95 vH des Berliner Verbrauchs stammen daher aus dem übrigen Bundesgebiet[25]. Die wichtigsten Lieferwerke befinden sich – ebenso wie beim Kalksandstein – im niedersächsischen Zonenrandgebiet; anders als jener hat der westdeutsche Ziegel seinen verhältnismäßig geringen Marktanteil in Berlin jedoch nicht steigern können. Dies gilt insbesondere für den porosierten Hochlochziegel, der den Kalksandstein im Außenwandbereich ersetzt und auf den weniger als 10 vH des Gesamtabsatzes entfallen.

Die anhaltend schwache Marktposition des Hochlochziegels überrascht insofern, als der Preisabstand zwischen Berlin und den westdeutschen Vergleichsgebieten bei diesem Baustoff erheblich geringer ist als beim Kalksandstein (Tabelle 2) – eine Erscheinung, die in Anbetracht der Transportkostenbelastung nur durch massive regionale Preisdifferenzierung und geringe Handelsspannen erklärt werden kann:

– Berechnungen auf der Basis von Unterlagen verschiedener Großhändler und Hersteller zeigen, daß der Frachtanteil am Frei-Bau-Preis von Hochlochziegeln, die – wie auch im Bundesgebiet – ausschließlich per Lkw befördert und überwiegend im Streckengeschäft geliefert werden, in Berlin bei über 20 vH liegt. Bezogen auf die Werksabgabepreise beträgt die Transportkostenbelastung fast ein Drittel. Sie ist damit mindestens doppelt so hoch wie in den Räumen Hamburg und Hannover, wo der durchschnittliche Frachtaufschlag um 12 vH schwankt und selbst bei einer mittleren Versandweite von 75 km kaum über 15 vH liegt. Die Transportkostendifferenz ist zu drei Viertel auf Unterschiede in der Beförderungsdistanz, und zu einem Viertel auf unterschiedliche Verkehrstarife zurückzuführen: Die Sätze des im Berlin-Verkehr vorgeschriebenen Regeltarif des RKT sind um mehr als 10 vH höher als die Sätze des sonst gültigen Ausnahmetarifs (AT 401) – eine Diskriminierung, die wegen des relativ hohen Einschaltungsgrades von Speditionen in den Berlin-Verkehr sicherlich nicht nur theoretische Bedeutung hat.

– Die zusätzlichen Transportkosten werden von den Produzenten durch höhere Rabatte teilweise kompensiert. Bei einem der wichtigen Lieferanten lagen die durchschnittlichen Abgabepreise 1983 in Berlin um 7 vH unter denen im westdeutschen Absatzgebiet, ein anderer erzielt hier sogar 10 vH weniger als im angestammten Raum.

Tabelle 23

Bezüge Berlins an Ziegeleierzeugnissen[1] 1983
nach Herkunftsgebieten und Verkehrsträgern

Herkunftsgebiet	in 1000 t	davon in vH per		
		Lkw	Bahn	Schiff
Übr. Bundesgebiet	106	98	1	1
DDR	4	–	100	–
Ausland	10	85	15	–
Insgesamt	120	95	4	1

1) Einschließlich Dachziegel und Klinkerplatten

Quellen: Statistisches Landesamt Berlin; Senator für Wirtschaft und Verkehr Berlin; eigene Schätzungen.

In noch weit geringerem Maße als Hochlochziegel werden in Berlin G a s b e t o n – s t e i n e verwendet. Der Anteil dieses Baustoffs am gesamten Mauersteinverbrauch liegt bei 4 vH, im norddeutschen Raum dürfte sein Marktanteil dagegen mehr als 15 vH betragen.

Ähnlich wie beim Ziegel sind die Kosten für den Transport von Gasbeton – vom jeweils nächstliegenden Werk aus gerechnet – nach Berlin etwa doppelt so hoch wie nach Hamburg. Wegen des relativ hohen Erzeugerpreises schlägt diese Differenz jedoch weniger stark auf den Baustellenpreis durch als beim Konkurrenzprodukt. Die Transportkosten sind daher kaum für die geringe Verbreitung des Gasbetons in Berlin verantwortlich zu machen.

Entscheidend dürfte vielmehr sein, daß der Berliner Markt von Herstellern und Baustoffhandel bislang nicht systematisch erschlossen wurde. Die Art der Preisgestaltung erfordert allerdings gerade beim Gasbeton ein intensives Marketing. Der Stein wird nämlich zusammen mit dem zugehörigen Klebstoff verkauft; nicht zuletzt aus diesem Grund ist sein Preis rund doppelt so hoch wie der Preis für Kalksandstein. Eine an den Gesamtkosten orientierte Produktentscheidung muß beim Kalksandstein – oder beim Ziegel – den Mörtelverbrauch in Rechnung stellen und überdies berücksichtigen, daß Gasbeton durch sein geringes Gewicht Rationalisierungsvorteile beim Mauern eröffnet. Derartige Kalkulationen werden aber von Architekten oder Bauunternehmen allein in der Regel nicht durchgeführt.

Während der Ziegel den Kalksandstein trotz erheblicher preispolitischer Bemühungen nicht zurückdrängen konnte, expandiert das großformatige F e r t i g t e i l seit mehreren Jahren stürmisch. Die Industrie- und Handelskammer Berlin hat bereits vor einiger Zeit darauf hingewiesen, daß die Bedeutung importierter Ein- und Zweifamilien-Fertighäuser in der Stadt bislang offenbar – auch von den heimischen Anbietern von Baustoffen und Bauleistungen – unterschätzt worden ist (vgl. IHK BERLIN 1983, S. 8 ff). Diese Vermutung dürfte auch für den Mietwohnungsbau zutreffen. Insgesamt – also unter Einbeziehung des öffentlichen und gewerblichen Hochbaus – wurden 1983 Fertigteilbauten im Wert von annähernd 1,2 Mrd. DM genehmigt, das entspricht einem Drittel aller Anträge und dem Dreifachen des Volumens von 1979.

3.4.2.2.2 Exkurs: Fertigteilbauten

Die zunehmende Bedeutung von Fertigteilbauten, also von Gebäuden aus industriell vorgefertigten und vor Ort montierten großformatigen Elementen, in Berlin ist eine Entwicklung, die nicht nur Absatzchancen und Preisbildung auf dem Markt für konventionelle Wandbaustoffe tangiert (wie es zum Beispiel auch bei einer nachhaltigen Substitution von Kalksandstein durch Hochlochziegel der Fall wäre), sondern wegen der spezifischen Bauweise und der damit verbundenen Verlagerung eines wesentlichen Teils der Wertschöpfung von der Baustelle in Produktionsstätten des verarbeitenden Gewerbes auch tiefgreifende Konsequenzen für die Beschäftigung der ansässigen Bauwirtschaft hat.

Im vorliegenden Kontext nimmt das großformatige Fertigteil allerdings eine Sonderstellung ein, da es – von bestimmten, generell verwendeten Elementen wie Hohlkörper- oder Filigrandecken einmal abgesehen – keinen Markt für diesen Baustoff gibt. Die Hersteller bieten in der Regel nicht einzelne Teile, sondern das gesamte Fertigteilgebäude an; die verwendeten Elemente werden – soweit überhaupt – mit unternehmensinternen Verrechnungspreisen bewertet. Auch wenn damit großformatige Fertigteile nicht unmittelbar mit anderen Wandbaustoffen konkurrieren, sondern der Substitutionswettbewerb erst auf der nächsten Stufe – zwischen traditionellem Baugewerbe und Fertigteilindustrie – stattfindet und dabei wahrscheinlich andere Faktoren ausschlaggebend sind als die Materialkosten, so beeinflußt dieser Prozeß doch die Marktposition der (vorgelagerten) Anbieter kleinformatiger Mauersteine und komplementärer Baustoffe wie Mörtel oder anderer Substitutionsprodukte wie Transportbeton. Insofern erscheint es wichtig, an dieser Stelle zumindest den Gründen für die Veränderung in der Struktur der Bauweisen nachzugehen.

Bemerkenswert ist zunächst, daß die Expansion des Fertigteilbaus eine berlinspezifische Erscheinung ist. Im übrigen Bundesgebiet geht der Marktanteil der Branche seit Beginn der achtziger Jahre zurück – und dies bei ohnehin weitaus geringerem Gewicht. Besonders deutlich wird die unterschiedliche regionale Bedeutung des Fertigteilbaus bei einem Vergleich der in Fertigteilbauweise genehmigten Wohngebäude. Ihr Anteil an allen Baugenehmigungen betrug 1983 nach E. KNECHTEL (1984, Tabellen 2 und 2a):

| | bei Gebäuden mit ... | | | |
	einer Wohnung	zwei Wohnungen	drei u. mehr Wohnungen	Insgesamt
in Berlin	69 vH	68 vH	9 vH	18 vH
in Hamburg	7 vH	7 vH	1 vH	2 vH
im Bundesgebiet	13 vH	11 vH	2 vH	7 vH

Signifikant höher als in den meisten Vergleichsgebieten ist in Berlin aber auch die Fertigteilquote im öffentlichen Hochbau sowie im gewerblichen und industriellen Bau.

Überraschend ist der überdurchschnittliche und zudem noch steigende Anteil des Fertigteilbaus nicht zuletzt deshalb, weil in der Stadt selbst nur geringe Fertigungskapazitäten vorhanden sind, der weitaus größte Teil der Bauelemente also aus dem Bundesgebiet bezogen werden muß: Menge und Wert der eingeführten Fertigteile haben sich innerhalb von vier Jahren verdreifacht (Tabelle 24). Von den insgesamt verbauten Fertigteilen stammten zuletzt rund 90 vH aus westdeutschen Produktionsstätten und lediglich 10 vH aus Berlin.[26]

Tabelle 24

Niveau und Entwicklung der Berliner Bezüge von Fertigteilen
für den Hochbau aus dem Bundesgebiet 1979 bis 1983

(gerundete Zahlen)

	Wände und Decken		Stützen und Pfeiler		Insgesamt	
	in t	Entwicklung	in t	Entwicklung	in t	Entwicklung
1979	59 900	100	22 900	100	82 800	100
1980	85 700	143	21 500	94	107 200	129
1981	92 400	154	29 700	130	122 100	147
1982	97 700	163	25 200	110	122 900	148
1983	210 400	351	28 700	125	239 100	289

Quellen: Statistisches Landesamt Berlin; Senator für Wirtschaft und Verkehr Berlin; eigene Schätzungen.

Die wirtschaftlichen Vorteile des Fertigteilbaus für die Bauherren (vor allem im Geschoßwohnungsbau) sind wegen der komplexen Zusammenhänge und der schlechten Datenlage nur schwer zu bestimmen:

Auf der Ebene der Produktion haben die betriebs- und ablaufsorganisatorischen Vorteile einer stationären Fertigung infolge kleiner gewordener Serien ihre Relevanz weitgehend verloren. Im Durchschnitt des Bundesgebietes sind die veranschlagten Baukosten je qm Wohnfläche im allgemeinen nicht geringer als im konventionellen Bau (vgl. E. KNECHTEL 1984, Tabelle 69).

Für Berlin kommt eine erhebliche Frachtkostenbelastung hinzu, die bei Fertigteilen deutlich mehr zu Buche schlagen dürfte als bei den Ausgangsstoffen, und zwar aus folgenden Gründen:

- Die nach Berlin verbrachten Fertigteile werden fast ausschließlich mit dem Lkw transportiert. Bei einer maximalen Zuladung von 25 Tonnen waren also zum Beispiel 1983 rund 10 000 Fahrten notwendig. Dabei handelt es sich schon wegen der speziellen Konstruktion der Fahrzeuge fast immer um Einwegtransporte; kostensenkende Rückfrachten scheiden in der Regel aus.

- Die in Berlin verbauten Elemente stammen zum größten Teil aus dem mittleren Weser-Raum, aus Hamburg, Kassel und Kiel (Tabelle 25). Die durchschnittliche Entfernung zwischen Produktionsort und Absatzgebiet beträgt 350 km – eine für Stahlbetonteile völlig atypische Distanz.

- Geringe Ladekapazität und große Transportweite wiegen für die Gesamtkosten insofern schwer, als ein erheblicher Teil der beförderten Fertigteile aus Wasser und Sand, also aus relativ billigen Bestandteilen besteht.

Vor diesem Hintergrund ist es verständlich, daß die veranschlagten flächenspezifischen Baukosten für Fertigteilgebäude in der Stadt erheblich – im Jahre 1983 um durchschnittlich 20 vH – über den entsprechenden Werten im Bundesgebiet liegen. Allerdings: Auch unter diesen Bedingungen sind in Berlin die veranschlagten Baukosten von Fertigteilbauten noch um etwa 10 vH niedriger als die vergleichbarer konventioneller Bauten.

Von wesentlicher Bedeutung sind zwei weitere Gesichtspunkte:

- Einmal sind die Bauzeiten im Fertigteilbau unterdurchschnittlich und relativ plangerecht. Dieser Faktor spielt bei Abschreibungsobjekten im Hinblick auf die Wahrnehmung von Steuerterminen eine Rolle. Entscheidend sind jedoch Einsparungen bei den Kosten für die Zwischenfinanzierung. Insofern ist die Höhe des Zinssatzes ein wesentliches Kriterium für die Entscheidung zwischen Fertigteilbau und konventionellem Bau.

- Zum anderen kommt der Fertigteilbau in der Regel mit dünneren Wänden aus als der Mauerwerksbau. Bei vorgegebenem umbautem Raum können also relativ große Wohn- bzw. Nutzflächen erzielt werden. Dies ist vor allem im öffentlich geförderten Mietwohnungsbau von erheblicher Relevanz: Unter der Voraussetzung gleicher qm-Einnahmen aus Miete und Förderung sind die Gesamteinnahmen des Bauherrn aus diesen Quellen im Fertigteilbau höher als im konventionellen Bau, während die (diskontierten) Gesamtkosten - Grundstücks-, Bau- und Finanzierungskosten - tendenziell geringer sind.

In Anbetracht der Rentabilitätsvorteile und der dynamischen Entwicklung des Fertigteilbaus bleibt erklärungsbedürftig, warum die örtlichen Hersteller nicht expandieren bzw. keine neuen Anbieter in den regionalen Markt investieren.

Das gängige Argument, eine Fertigteilproduktion in Berlin sei wegen der spezifischen räumlichen Situation grundsätzlich unwirtschaftlich, überzeugt nicht: Zwar dürften Vorleistungs- und Produktionskosten in den rohstoffnah gelegenen Werken an Weser und Leine tatsächlich deutlich niedriger sein als in Berlin. Für Werke, die in Gebieten ohne eigene Rohstoffe und mit hohen Löhnen - zum Beispiel im Großraum Hamburg - angesiedelt sind, ist jedoch der Kostenvorteil gegenüber Berlin relativ gering. Wichtig ist dabei vor allem, daß Stahl als wertvollster Bestandteil von Fertigelementen hier nur wenig teurer ist als dort. Hinzu kommt aber auch, daß material- und lohnkostenbedingte Wettbewerbsvorteile westdeutscher Fertigteilwerke durch vergleichsweise hohe Transportkosten weitgehend aufgezehrt werden dürften.[27]

Entscheidend für den Attentismus dürfte vielmehr sein, daß diejenigen Bauunternehmen, auf die sich der Fertigteilbau konzentriert - und dabei handelt es sich zum größten Teil um überregional tätige Firmen - durchweg eigene Fertigteilwerke in

114

Westdeutschland betreiben, die bei der schlechten Baukonjunktur in ihren traditionellen Einzugsgebieten einerseits, als Folge offenbar verstärkter Vorbehalte gegenüber dem Baustoff Beton im Wohnungsbau andererseits von der örtlichen Nachfrage
nicht mehr auszulasten sind. Mit Blick auf den strukturellen Charakter dieser Überkapazitäten dürfte zumindest ein Teil der betroffenen Unternehmen auf substanzer-
haltende Investitionen in den Produktionsapparat verzichten und die Berlin-Lieferun-
gen unter Vollkostendeckung kalkulieren.[28] Eine derartige Strategie ist allerdings
wegen der relativ kurzen technischen Lebensdauer der Anlagen und der im allgemeinen zeitlich begrenzten Möglichkeiten eines unternehmens-internen Verlustaus-
gleichs eher auf kurze Frist angelegt.

Entsprechende Überlegungen haben möglicherweise auch die Anbieter herkömmlicher
Mauerwerkselemente, insbesondere die Anbieter von Kalksandsteinen, angestellt: Die
Erwartung, daß das Vordringen des Fertigteilbaus auf dem regionalen Markt primär mit
einem Nachfrageschub im Wohnungsbau zusammenhängt und insofern eine vorübergehende Erscheinung ist, könnte ein wesentlicher Grund für das passive Marktverhalten dieser Unternehmen sein. Überdies schätzt die heimische Baustoffwirtschaft
die Chancen, durch preispolitische Maßnahmen eine Umlenkung der Nachfrage innerhalb des Materialsektors zu erreichen, bei der gegebenen Konstellation vermutlich
ohnehin gering ein, hat also auch von daher keine Veranlassung, ihre Preise zu
senken. Schließlich dürfte die Expansion der Fertigteilindustrie den Preisbildungsprozeß auf dem Berliner Baustoffmarkt auch deshalb kaum beeinflußt haben, weil Anbieter von und Nachfrager nach Mauersteinen bei stagnierendem Umsatz das volle
Ausmaß der Marktverschiebung noch nicht erkannt haben.

Tabelle 25

Größere, Mitte 1984 im Bau befindliche Geschoßwohnbauten,
die in Großtafel-Bauweise errichtet werden.

Bauprojekt	Zahl der Wohnungen	Öffentliche Förderung	Verbaute Stahlbeton-Fertigteile		
			Herkunftsort	Gewicht[1] in t	Transportweite[1] in km
Eisenzahnstraße	270	Steuerbegünstigter Wohnungsbau	Hamburg Kiel	15 000	290 370
Wohnpark Pfarrlandsiedlung	450	Steuerbegünstigter u. sozialer Wohnungsbau	Göttingen/Kassel Rendsburg	.	380 370
Töpchiner Weg	250	Sozialer Wohnungsbau	Rendsburg (3/4) Berlin (1/4)	10 000	370
Spandau Havel	270	Sozialer Wohnungsbau	Kassel	13 000	380
Kantstraße	150	Sozialer Wohnungsbau	Minden	8 000	330
Hildburghauser Straße	80	Sozialer Wohnungsbau	(Niedersachsen)	.	.
Lietzenburger Straße	60	Sozialer Wohnungsbau	Peine	.	250
Spreebogen	190	Sozialer Wohnungsbau	Kassel	10 000	380
Insgesamt	1 720			.	350

1) Geschätzt.

Quelle: Eigene Schätzungen.

3.4.2.3 Werk-Vormörtel (Kalkmörtel)

3.4.2.3.1 Marktabgrenzung und Preiskomponenten

Werk-Vormörtel ist ein Gemisch aus feinkörnigem Zuschlag, Wasser und Kalk als Bindemittel, das in stationären Anlagen produziert, auf der Baustelle mit Zement angereichert und dann zur Füllung von Fugen (Mauermörtel) oder für Ausgleichsschichten (Putzmörtel) verwendet wird.

Mauermörtel, auf den sich die vorliegende Betrachtung beschränkt, ist ein Komplementärprodukt zu kleinformatigen Wandbaustoffen (Kalksandstein, Ziegel, Betonstein). Direkte Substitute für Werk-Vormörtel sind neben dem ortsgefertigten Mörtel, der jedoch in den Ballungsgebieten nur noch auf kleineren Baustellen von Bedeutung sein dürfte,

- Werk-Fertigmörtel, ein Gemisch aus Zuschlag und Zement bzw. Gips, das in Silos vorgehalten und durch Zugabe von Wasser verarbeitungsfähig gemacht wird,

- Werk-Frischmörtel, ein Produkt, das als Bindemittel lediglich Zement enthält, in Fahrmischern geliefert wird, keine weitere Bearbeitung auf der Baustelle erfordert und sachgerecht gelagert bis zu 48 Stunden verwendet werden kann,

- Kunststoff-Kleber, ein Material, das bislang insbesondere zur Verfugung von Gasbetonsteinen eingesetzt wird und insofern nur partiell mit den anderen Mörtelarten konkurriert.

In räumlicher Hinsicht zerfällt der Markt für Vormörtel in eine größere Zahl preislich abgestufter Regionalmärkte, die allerdings in der Regel wegen sich überlappender Absatzgebiete der breit gestreuten Werke nicht eindeutig abzugrenzen sind. Die mittlere Reichweite ist im allgemeinen – ebenso wie bei Frischmörtel – kaum größer als diejenige von Transportbeton. Demgegenüber wird Fertigmörtel auch großräumig vertrieben.

Vormörtel besteht grundsätzlich aus den gleichen Stoffen wie Kalksandstein. Gleichwohl differieren die Materialkosten beider Produkte schon wegen ihrer unterschiedlichen mengenmäßigen Zusammensetzung; hinzu kommen gewisse Unterschiede in der Qualität der jeweils erforderlichen Sande. Nach gängigen Rezepturen werden für die Produktion eines cbm Vormörtel bei Berücksichtigung von Siebungs- und Streuverlusten 1,9 t (bzw. 1,2 cbm) Sand und rund 80 kg Branntkalk benötigt. Unter der Voraussetzung, daß in allen Vergleichsgebieten westdeutscher Kalk eingesetzt wird und die Berliner Hersteller ausschließlich märkischen Sand verwenden, sind die Kosten der Einsatzstoffe in Berlin mit 32 DM je cbm etwa doppelt so hoch wie in Hamburg oder in Hannover (Tabelle 26). Tatsächlich dürfte die Differenz noch etwas größer sein, weil einerseits dem Berliner Sand wegen seiner verhältnismäßig niedrigen Qualität geringe Mengen Siebkies (der deutlich mehr kostet) zugesetzt werden müssen und andererseits zumindest im niedersächsischen Raum auch polnischer Kalk (mit vergleichsweise niedrigem Preis) verarbeitet wird – eine Alternative, die sich den Berliner Produzenten freilich auch bietet. Selbst wenn diese Faktoren in die Rechnung einbezogen werden, erklären indes die unterschiedlichen Vorleistungskosten höchstens zwei Drittel der interregionalen Preisdifferenzen beim Endprodukt.

Tabelle 26

Fremdkosten und Wertschöpfung der Vormörtel-Industrie
in ausgewählten Ballungsräumen 1983

DM je cbm Mauermörtel

Region	Fremdkosten		Brutto-wert-schöpfung	Markt-preis
	Material	Transport		
Berlin (West)	32	13	14	59
Hamburg	17	11	7	35
Hannover	16	8	7	31
Quelle: Eigene Schätzungen.				

Der größte Teil des Vormörtels wird von Unternehmen mit angeschlossenem Baustoffhandel produziert und von diesen direkt an die Bauunternehmen verkauft; der Einschaltungsgrad des "produktionslosen" Großhandels ist mit schätzungsweise 20 vH gering. Für die Zwecke der vorliegenden überschlägigen Kalkulationen kann daher angenommen werden, daß die außerhalb der Herstellerbetriebe erbrachte Vertriebsleistung mit den Fuhrlöhnen für die Auslieferung des Mörtels identisch ist. Diese dürften in Berlin bei höchstens 13 DM je cbm liegen, das entspricht dem um 30 vH ermäßigten GNT-Satz für eine durchschnittliche Ladung von 4 cbm über eine mittlere Entfernung von 14 km. Informationen über die Höhe der Ausgangsfrachten in den Vergleichsgebieten liegen nicht vor. Aber auch dann, wenn sie – um möglicherweise geringeren Absatzradien oder größeren Liefermengen Rechnung zu tragen – erheblich niedriger angesetzt werden als in Berlin, ist die durchschnittliche betriebliche Wertschöpfung (ermittelt als Differenz zwischen Verkaufspreisen und Fremdkosten) hier doppelt so hoch wie dort (Tabelle 26). Anhaltspunkte für gravierende regionale Abweichungen bei Lohn- und Kapitalstückkosten gibt es nicht; im Zweifel sind die fixen Kosten innerhalb des norddeutschen Raumes wegen der relativ schlechten Auslastung der Produktionsanlagen eher höher als in Berlin. Aus diesen Überlegungen folgt, daß die an den realisierten Gewinnspannen gemessene Ertragslage der Berliner Mörtelindustrie insgesamt betrachtet außergewöhnlich gut sein dürfte.

3.4.2.3.2 Wettbewerbssituation

Auf dem Berliner Mörtelmarkt agieren gegenwärtig fünf Hersteller mit marktrelevanten Absatzmengen. Schätzungsweise drei Viertel der gesamten Produktion (1983: 170 000 cbm) werden von drei Unternehmen erstellt, deren Marktanteile sich nicht wesentlich voneinander unterscheiden dürften. Anders als die Transportbetonindustrie mit ihrer schiefen Größenverteilung der Anbieter hat die Berliner Mörtelindustrie keinen aus der Marktstruktur erkennbaren dominierenden Preisführer. In dieser Situation kann ein besonders ausgeprägtes Bedürfnis nach Koordination der Preispolitik erwartet werden; den vorliegenden Informationen zufolge besteht eine rotierende Preisführerschaft:

Bis in die siebziger Jahre hinein waren die Berliner Mörtelhersteller über ein Vertriebskontor formell miteinander verbunden. Diese Einrichtung ermöglichte ihnen einen abgestimmten, weitgehend erlösunschädlichen Abbau der damaligen Überkapazitäten; in der Zeit von 1970 bis 1978 verringerte sich der Mörtelabsatz um 60 vH, ohne daß es zu nachhaltigen Preisermäßigungen oder gar Preiseinbrüchen kam. Nach einer fünfjährigen Stagnationsperiode befindet sich der Markt seit 1983 erneut in einer Phase der Rückbildung. Gleichwohl haben die Mörtelpreise gerade in jüngster Zeit wieder angezogen, und zwar offenbar im Gefolge von Preiserhöhungen für einzelne Einsatzstoffe.

Ein derartiges, primär an der Kostenentwicklung und weniger am Verlauf der Nachfrage orientiertes Preisverhalten ist Indiz für die enge Reaktionsverbundenheit der Wettbewerber; die Durchsetzung ihrer Preisforderungen zeigt, daß potentielle Konkurrenten (vor allem wegen der räumlichen Isolierung des Berliner Platzes) nicht vorhanden sind. In den beiden westdeutschen Vergleichsregionen erschweren sowohl Zahl und Struktur der effektiven Anbieter als auch die leichtere Mobilisierbarkeit potentieller Konkurrenten aus räumlich benachbarten Märkten eine wirksame Kollusion. Diese Unterschiede in den Marktstrukturen düften einen wesentlichen Teil der Ertragsdifferenz erklären.

Daneben sind jedoch auch regionale Unterschiede in der Intensität der Substitutionskonkurrenz für die differierenden Ertragsspannen der Vormörtel-Produzenten verantwortlich: In der Bundesrepublik, vor allem im nördlichen Teil des Landes, ist seit einigen Jahren eine kräftige Expansion des Frischmörtelabsatzes zu beobachten. 1982 produzierten innerhalb der vier Küstenländer 71 Werke, das waren fast zwei Drittel aller Mörtel-Hersteller des Gebietes, diesen Baustoff (Tabelle 27). Dessen Anteil am gesamten Werkmörtel betrug zuletzt annähernd 50 vH (vgl. BUNDESVERBAND MÖRTELINDUSTRIE 1983, S. 7). Die anhaltende Substitution von Baustellenmörtel, aber auch von Werk-Vormörtel durch verschiedene Arten von Frischmörtel – eine Entwicklung, die durch Überkapazitäten im Transportbetonbereich und Umwidmung entsprechender Anlagen forciert wird – erscheint im Hinblick auf die zunehmende Arbeitsteilung zwischen Bauwirtschaft und Baustoffindustrie konsequent und ist vergleichbar mit der Durchsetzung des Transportbetons in den sechziger Jahren (vgl. W. NIEMEYER 1983, S. 1323). Dieser Trend wird verstärkt durch den wachsenden Markt für Fertigmörtel und die steigende Bedeutung von Klebestoffen im Zusammenhang mit dem Vordringen des Gasbetonsteins und anderer Leichtbaustoffe. Insgesamt hat die Erweiterung der Angebotspalette – und die Erhöhung der Anbieterzahl – sicherlich zu einer Belebung des Wettbewerbs innerhalb und zwischen den verschiedenen Produktmärkten beigetragen und die Position der traditionellen Vormörtel-Anbieter geschwächt.

Tabelle 27

Hersteller von Werk-Mörtel im norddeutschen Raum
nach Regionen und Mörtelart 1982

Region	Zahl der Werke			
	Vor-mörtel	Frisch-mörtel	Fertig-mörtel	Ins-gesamt
Berlin	5	–	–	5
Hamburg/Schleswig-Holstein	13	19	5	37
Bremen/Niedersachsen	21	52	2	75
Quelle: Baustoffüberwachungsverein Nord.				

An Berlin ist diese – wohl nicht allein für das Preisniveau, sondern auch für die längerfristige Konkurrenzfähigkeit des Mauerwerksbaus wichtige – Entwicklung bislang vorbeigegangen. Überraschend ist dabei, daß Frischmörtel in der Stadt überhaupt nicht angeboten wird, vielen Bauunternehmen sogar völlig unbekannt ist. Zwar haben die ansässigen Vormörtel-Hersteller auf dem abgeschotteten Markt keinen Anlaß, gegen ihr eigenes, gut eingeführtes und ertragreiches Erzeugnis zu konkurrieren – zumal eine Umstellung der Produktion für sie erhebliche Investitionen in Mischanlagen, Silos und Fahrzeuge bedeutete. Initiativen wären jedoch von den multiregional tätigen Unternehmen der Transportbetonindustrie zu erwarten, die im Bundesgebiet entscheidend zur Verbreitung des Frischmörtels beigetragen haben und heute die schärfsten Konkurrenten der meist mittelständischen Vormörtelproduzenten sind. Dies gilt auch für verschiedene konzernunabhängige Berliner Betonfirmen, die Niederlassungen im östlichen Niedersachsen unterhalten und in den dortigen Anlagen sowohl Frischbeton als auch Frischmörtel fertigen. Die Zurückhaltung der entsprechenden Unternehmen auf dem regionalen Mörtelmarkt mag mit gewissen kapital- und absatzmäßigen Verflechtungen zusammenhängen. Denkbar ist jedoch auch, daß sie die Marktchancen für Frischmörtel in Berlin relativ gering einschätzen. Die Verarbeitung dieses Produkts erfordert nämlich eine verstärkte Rüstung sowie eine straffere Baustellenorganisation mit speziellen Lohntarifen – Umstellungen, zu denen Bauunternehmen und Gewerkschaften in Berlin vor dem Hintergrund der spezifischen Nachfrageverhältnisse möglicherweise weniger schnell bereit sind als im übrigen Bundesgebiet.

Von Frischmörtel einmal abgesehen, haben allerdings auch die anderen Substitute für Vormörtel in der Stadt bislang keine spürbare Bedeutung erlangt. Fertigmörtel – ein Produkt, das vor allem im sandarmen Süddeutschland weitverbreitet ist – wird zwar in letzter Zeit verstärkt, auch zum Mauern, eingesetzt. Mit 13 000 t jährlich (einschließlich Edelputzen) liegt sein Marktanteil indes noch immer deutlich unter 10 vH. Zumindest im Rohbau verhältnismäßig wenig verwendet werden schließlich Klebestoffe, sicherlich mit eine Folge des in Berlin extrem geringen Verbrauchs von Gasbetonsteinen.

3.4.2.4   Bituminöses Mischgut

Wichtigster Baustoff im Bereich des Straßenoberbaus ist das Bituminöse Mischgut. Dazu zählen eine Vielzahl unterschiedlicher Gemische aus Mineralstoffen (Splitt, Brechsand) und Bitumen bzw. Teer als Bindemittel, die als Trag-, Binder- und Deck- schichten verwendet werden.

In Berlin wurden 1982 rund 500 000 t Bituminöses Mischgut produziert und verbaut, das entspricht etwa vier Fünfteln des Hamburger Marktvolumens. Seither geht die Nachfrage allerdings deutlich zurück: Bereits 1983 mußte der Ausstoß um 20 vH auf 400 000 t reduziert werden; für 1984 wurde von den Herstellern ein weiterer drasti- scher Absatzrückgang – auf etwa 300 000 t – erwartet. Diese, keineswegs regional- spezifische Schrumpfung des Asphaltmarktes hat mehrere Ursachen:

– Im öffentlichen Bereich, der drei Viertel der gesamten Produktion aufnimmt, ver- schiebt sich der Schwerpunkt des Straßenbaus von großflächigen, materialinten- siven Neubauten zu kleineren, eher lohnintensiven Ausbesserungsarbeiten. Außerdem werden bestimmte, besonders belastete Straßenabschnitte wie Bus- häfen und Parkspuren verstärkt in Beton ausgeführt.

– Im industriellen und gewerblichen Sektor – bislang ebenfalls ein wichtiger Asphalt- verbraucher – zeichnet sich eine ähnliche Tendenz zur Substitution ab. Dort werden größere Flächen zunehmend mit Betonverbundsteinen gepflastert, die in unterschiedlichen Qualitäten und Formaten angeboten werden.

In Anbetracht einer relativ großen Zahl von Einsatzstoffen einerseits, unübersicht- licher Marktverhältnisse andererseits sind hinreichend repräsentative Informationen über die Materialkosten und deren Bedeutung für die jeweiligen Marktpreise von bitu- minösem Mischgut nur schwer zu gewinnen. Angaben einzelner Hersteller und Tief- bauämter folgend sollen hier folgende Einkaufspreise (Mitte 1983 und frei Mischanlage gerechnet) zugrundegelegt werden:

	Berlin	Hamburg	Hannover
Edelsplitt	38 DM/t	27 DM/t	25 DM/t
Brechsand	30 DM/t	20 DM/t	17 DM/t
Kalksteinmehl	44 DM/t	35 DM/t	30 DM/t
Bitumen	580 DM/t	550 DM/t	525 DM/t
Trinidad E 50/50	620 DM/t	600 DM/t	615 DM/t

Diese Gegenüberstellung zeigt einmal mehr die besonders ungünstige Ausgangslage Berlins beim Bezug von Schüttgütern: Der Bedarf des Hannoveraner Raums an gebrochenem Naturstein wird vor allem aus Steinbrüchen der Umgebung gedeckt; Hamburg importiert einen wesentlichen Teil des benötigten Materials preiswert per Seeschiff aus Norwegen und Schweden. In Berlin dagegen fehlen schon aus geologischen Gründen nahegelegene Bezugsquellen. Splitte aus oberfränkischen oder niedersächsischen Gewinnungsstätten kosten hier bis zu 100 vH mehr als vergleichbare Produkte in den beiden anderen betrachteten Großstädten; sie werden praktisch nur als Rückfracht befördert und spielen mengenmäßig eine untergeordnete Rolle auf dem regionalen Markt. Die Preise für diese Materialien, meist hochwertige Granite, sind allerdings insofern von entscheidender Bedeutung für die Preisbildung insgesamt, als sie den Orientierungsrahmen für die Anbieter von DDR-Steinen bilden. Aus dieser spezifischen Situation heraus wird es verständlich, daß DDR-Material in Berlin erheblich teurer verkauft werden kann als im norddeutschen Raum: Ostdeutscher Quarz-Porphyr, der zwei Drittel des regionalen Bedarfs deckt, kostet hier im Mittel 37 DM/t, in Hamburg dagegen weniger als 30 DM/t. Dabei ist der Transport in die Hansestadt mehrfach gebrochen und äußerst aufwendig.

Die in überdurchschnittlichen Berliner Preisen für die Ausgangsstoffe begründeten Mehrausgaben für den gesamten Stoffeinsatz betragen

	gegenüber Hamburg:	gegenüber Hannover:
bei Tragschichten	+ 29 vH	+ 37 vH,
bei Binderschichten	+ 21 vH	+ 28 vH,
bei Asphaltbeton	+ 17 vH	+ 24 vH,
bei Gußasphalt	+ 14 vH	+ 17 vH.

Hierbei wird deutlich, daß die regionalen Unterschiede in den Stoffkosten mit steigendem Wert des erzeugten Mischguts abnehmen. Anders ausgedrückt: Bei Deckschichten (Asphaltbeton und Gußasphalt) mit ihrem hohem Bitumengehalt und entsprechend hohen Preisen schlagen die extremen Kostendifferenzen für Splitt und Brechsand weniger stark auf das Gesamtaggregat durch als bei den mineralstoffreicheren Unterschichten.

Bei einem Materialanteil am Bruttoproduktionswert von rund 50 vH ist es klar, daß die überdurchschnittlichen Berliner Vorleistungskosten auf die Produktpreise durchschlagen müssen. Da allerdings der regionale Abstand bei den Listenpreisen – zumindest für die vier exemplarischen Sorten und gemessen an den ausgewiesenen Werten des Marktführers – kaum geringer ist als bei den Vorleistungskosten, muß auch der (absolute) kalkulatorische Aufschlag für Produktionskosten und Gewinn in Berlin höher sein als in Hamburg und Hannover.

Nach den vorliegenden Informationen werden schließlich zumindest in Hamburg höhere Rabatte eingeräumt als in Berlin, und dies, obwohl der Rückgang des Gesamtabsatzes auf beiden Regionalmärkten ähnlich stark ausgeprägt ist. Die vergleichsweise geringe Flexibilität der Preise weist darauf hin, daß die Vermachtung des Mischgut-Marktes in Berlin relativ weit fortgeschritten ist. Für diese Vermutung spricht auch die kleinere Zahl von Anbietern – in Berlin produzieren drei, in Hamburg dagegen sieben Unternehmen – und die Tatsache, daß in Berlin der Marktführer bei bituminösem Mischgut zugleich den Markt für Straßenbaustoffe aus Beton, also den Markt für ein wichtiges Substitutionsprodukt kontrolliert, während in Hamburg etwa 15 mittelständische Hersteller Bodenbausteine anbieten.

3.4.2.5 Sekundärbaustoffe für den Tiefbau

Sekundärbaustoffe für den Tiefbau bestehen aus

- industriellen Nebenprodukten, insbesondere aus Schlacken von Stahlwerken, Kraft- und Heizwerken sowie Müllverbrennungsanlagen,

- Altbaustoffen, also aus Bauschutt und Straßenaufbruch,

- Bodenaushub.

Das Material wird in unterschiedlicher stofflicher Zusammensetzung und Korngrößenverteilung angeboten. Es wird eingesetzt zur Bodenstabilisierung bei weichen Untergründen, zur Geländeauffüllung, vor allem und zunehmend aber als Tragschicht für gebundene und ungebundene Beläge im Landschafts- und Gartenbau, bei Sport- und Parkplätzen, für Gehwege und Gewerbeflächen. In Straßenbau haben sich bislang erst Schlacken als künstliche Mineralstoffe durchgesetzt (vgl. FORSCHUNGSGESELLSCHAFT 1983, S. 5). Substituiert werden verschiedenste Lockergesteine, insbesondere Sand und gebrochene Natursteine (Schotter, Splitt) sowie Zementvermörtelungen.

In Berlin spielen industrielle Nebenprodukte bislang keine wesentliche Rolle als Sekundärbaustoffe: Kraftwerksschlacke ist nicht konkurrenzfähig, Schlacke aus der Müllverbrennung nicht zugelassen, Flugasche wegen ihrer Konsistenz nur in geringem Maße einzusetzen (vgl. SENAT BERLIN 1984, S. 19). Anders ist die Situation bei Altbaustoffen, denen hier in zweifacher Hinsicht besondere Bedeutung zukommt. Einmal verfügt die Stadt über keine eigene Rohstoffbasis, zum anderen fehlen Flächen zur Ablagerung verbrauchter Massen. Dadurch entstehen sowohl beim Bezug von Primärbaustoffen als auch im Zusammenhang mit Verbringung und Deponierung von Altstoffen hohe Kosten. Um diese zu verringern, werden bereits rund 30 vH des Bauabfalls in der Stadt bearbeitet und wiederverwendet (Tabelle 28).

Im einzelnen wird

- in einer größeren Zahl stationärer und mobiler Anlagen bodendurchsetzter Bauschutt abgesiebt und Verfüllmaterial (1983: 1,2 Mill. cbm) gewonnen,

- von vier Unternehmen Beton-, Asphalt- und Ziegelbruch zu Tragschichtmaterial verarbeitet. Die Kapazität der Aufbereitungsanlagen dürfte bei 350 000 cbm liegen, ist jedoch nicht ausgelastet.[29]

Tabelle 28

Aufkommen und Verwendung von Bauabfall[1)]
in Berlin (West) 1983

Verwendung	Bauabfall		davon	
			Bodenaushub	Bauschutt
	in 1000 cbm	in vH	in 1000 cbm	
Deponierung in der DDR	2 900	56	500	2 400
Abdeckung und Rekultivierung von Deponien und Sandgruben in Berlin	800	15	700	100
Verarbeitung zu Sekundärbaustoffen	1 500	29	800	700
davon: zu Füllboden (Absiebung)	1 200	23	800	400
zu Hartmaterial (Brechung)	300	6	–	300
Insgesamt	5 200	100	2 000	3 200

1) Ohne den im Rahmen des Bodenausgleichsverfahrens vermittelten Bodenaushub (1983: 400 000 cbm).
Quellen: Senator für Bau- und Wohnungswesen, Berlin; eigene Schätzungen auf der Basis von Angaben der Berliner Recycling-Unternehmen.

Für Füllboden werden auf dem Berliner Markt Preise zwischen 4 DM/t und 4,50 DM/t erzielt, das Material ist damit deutlich billiger als Grubensand aus der DDR, der – immer auf der Basis 1983 gerechnet – 5 DM/t ab Gewinnungsstätte kostet (vgl. S. 72 dieser Arbeit).

Der Preis für S e k u n d ä r – T r a g s c h i c h t e n liegt bei durchschnittlich 20 DM/t und damit um 40 vH unter dem Preis für entsprechendes Primärmaterial; insofern ist die Verwendung des Altbaustoffes in jedem Falle lohnend[30)]. Davon einmal abgesehen sind die Altbaustoffe in Berlin allerdings erheblich teurer als in anderen Ballungsräumen. Zwar lassen sich die verschiedenen marktgängigen Materialien wegen ihrer unterschiedlichen stofflichen Zusammensetzung und Kornfraktionen – bei noch fehlender Normung – nicht immer vergleichen. Beste Sekundär-tragschicht kostet jedoch sowohl in den Städten des nördlichen Ruhrgebietes als auch in Frankfurt frei Baustelle lediglich zwischen 10 DM und 13 DM je Tonne, also 35 vH bis 50 vH weniger als in Berlin.

Von der Kostenseite her betrachtet ist dieser Unterschied überraschend: Nach Unter-suchungen von B. GALLENKEMPER (1984, S. 970) betragen die Aufbereitungskosten von Bauschutt und Straßenaufbruch in einstufigen Anlagen ohne maschinelle Leicht-stoffabscheidung bei einer jährlichen Durchsatzmenge von 50 000 t etwa 9,40 DM; die Durchschnittskosten nehmen mit zunehmender Betriebsgröße rasch ab und er-reichen bei einem Jahresdurchsatz von 300 000 t einen Wert von 5,30 DM/t. Diese Angaben sind durchaus kompatibel mit den Ergebnissen der hier durchgeführten Be-fragung: Danach schwanken die Produktionskosten je nach Leistung der Anlage, Aufbereitungsart und Zusammensetzung der Ausgangsstoffe zwischen 6 DM/t und 12 DM/t. Im Mittel verursacht die "Aufbereitung von Altbaustoffen mit den heute üblichen Verfahren Kosten in etwa gleicher Größenordnung wie die der konventio-nellen Stoffe" (H. LOEWENSTEIN 1984, S. 1004). In Berlin dürften die Aufbereitungs-kosten im unteren Bereich der Skala liegen. Einmal sind Anlagen und Produktions-mengen vergleichsweise groß, zum anderen wird bislang überwiegend Straßen-aufbruch verwendet. Die Ausgangsstoffe sind mithin relativ homogen, unbrauchbare Materialien wie Holz, Papier, Plastik, Kacheln und Leichtbaustoffe brauchen in der Regel nicht aussortiert zu werden.

Nun hängt der Kalkulationspreis für Sekundärmaterial nicht allein von Aufbereitungs-kosten und Ausgangsfrachten ab, sondern auch von der Höhe des Entgelts, das die Recycler für die Übernahme der Altbaustoffe erhalten. Dieses Entgelt steht in einem engen Zusammenhang mit den alternativen Kosten für die Deponierung des Materials. Da die Kippgebühren in den einzelnen Regionen außerordentlich unterschiedlich sind – sie betragen zum Beispiel in Frankfurt 5 DM/t, in Hamburg dagegen 11,70 DM/t (vgl. O. HUTER und CH. LANDERER 1984, S. 237) – differieren auch die gezahlten Übernahmeentgelte. Die befragten westdeutschen Unternehmen erhalten je Tonne zwischen 3 DM und 6 DM.

In Berlin werden Altbaustoffe von zwei Umschlagsanlagen aus in die DDR verbracht und dort deponiert. Die Kosten für Transport und Lagerung in Höhe von 19 DM/t werden von der öffentlichen Hand aufgebracht; die Altstoff-Anlieferer zahlen eine

Kippgebühr von 1,40 DM/t. Bei dieser absolut wie relativ extrem geringen Belastung kann es nicht verwundern, daß die Berliner Baustoff-Recycler kein Übernahmeentgelt erhalten, ja das angelieferte Material sogar bezahlen – im Falle von Straßenbau-Betonbruch mit rund 2 DM/t, im Falle von Asphaltbruch mit knapp 1 DM/t.

Dieses Verhalten ist Indiz für die Enge des Beschaffungsmarktes und nur möglich aufgrund der ungewöhnlich günstigen Position der Branche auf dem Absatzmarkt: Bei den geltenden Preisen für Primärbaustoffe werden Sekundärmaterialien in der Regel erst durch das Abnahmeentgelt, in rohstoffreichen Regionen selbst dann nicht immer, konkurrenzfähig. In Berlin dagegen betragen die Kosten für Ausgangsstoffe, Produktion und Transport weniger als die Hälfte des Preises für das Substitutionsprodukt. Entsprechend hoch sind Preisspielräume und Ertragsmargen.

3.5 Fazit

Die vergleichende Analyse der Preisbildung bei wichtigen mineralischen Massen-baustoffen hat ergeben, daß im Zusammenhang mit der Beschaffung derartiger Güter in Berlin durchweg höhere Kosten entstehen als in den Ballungsgebieten West-deutschlands. Diese standortbedingten Zusatzkosten sind vor allem in den unge-wöhnlich großen Entfernungen zu den westdeutschen Bezugsmärkten begründet und entstehen bei Transport, Lagerung und Handel. Allerdings sind auch die Preise für die aus der DDR, und zwar zum großen Teil aus der weiteren Umgebung Berlins bezo-genen Güter (Kies, Sand, Zement) vergleichsweise hoch. Sie werden in der Regel um 10 vH bis 15 vH unter dem Preis für entsprechende westdeutsche Ware angeboten – und dies, obwohl die Händler einen Umsatzsteuerkürzungsanspruch in Höhe von 11 vH des Einfuhrwertes haben. Der Standortvorteil der DDR-Lieferanten wirkt sich also letztlich nur sehr begrenzt aus.

Deutlich geworden ist jedoch durch die Untersuchung auch, daß die Kosten für Verarbeitung der Ausgangsstoffe und Vertrieb der veredelten Produkte in Berlin eher geringer sind als in anderen Ballungsgebieten:

● Einmal sind die Fertigungsstätten in Berlin vielfach größer, mit entsprechenden Betriebsgrößenvorteilen.

● Zum zweiten ist die Auslastung der Produktionsanlagen in Berlin zumindest seit Beginn der achtziger Jahre vergleichsweise gut, was vor allem bei kapital-intensiven Bereichen – zum Beispiel in der Kalksandsteinindustrie – von Bedeu-tung ist.

● Schließlich haben insbesondere Unternehmen mit großem Bedarf an Spezialfahr-zeugen (Transportbeton-Mischer, Zement-Silofahrzeuge) in Berlin erhebliche Kostenvorteile durch Maßnahmen der staatlichen Investitionsförderung (Investi-tionszulagen, Sonderabschreibungen, zinsgünstige Langfristkredite).

Insgesamt können die extrem hohen Baustoffpreise in Berlin von der Kostenseite her allein nicht erklärt werden. Grundsätzlich höher als in anderen Regionen sind hier mithin auch die Erträge. Den durchgeführten Berechnungen zufolge weisen die rela-tiven Differenzen zwischen Listenpreisen und Stückkosten keine signifikanten Unter-schiede auf – was zunächst bedeutet, daß die kalkulierten (absoluten) Erträge in Berlin wegen der vergleichsweise hohe Kostenbasis verhältnismäßig hoch sind. Hinzu kommt jedoch – und das ist letztlich entscheidend –, daß sich die Preisvorstellungen der Unternehmen in der Stadt offensichtlich leichter durchsetzen lassen als anderswo.

Die starke Position der Anbieter auf dem regionalen Baustoffmarkt hängt zweifellos mit der relativ günstigen Entwicklung der Bautätigkeit zusammen. Als entscheidende Erklärungsfaktoren haben sich allerdings m a r k t s t r u k t u r e l l e B e s o n – d e r h e i t e n herausgestellt:

● Die Nachfrage ist über ein dichtes Geflecht von Subventionen manipuliert, mittel- fristig im Rahmen politischer Planungen weitgehend fixiert und preisunelastisch.

● Das Angebot ist sowohl auf der Stufe des Einfuhrhandels als auch auf der Erzeugerstufe in starkem Maße vermachtet. Unternehmenskonzentration, hohe Markttransparenz durch personelle Verflechtungen und Beschäftigungsrotation von Entscheidungsträgern sowie teilweise koordiniertes Handeln haben zumindest auf diesen Ebenen des Wertschöpfungsprozesses einen vergleichsweise geringen Preiswettbewerb zur Folge und führen auch in Perioden sinkender Kapazitäts- auslastung zu tendenziell steigenden Preisen.

● Marktstruktur und Marktverhalten werden wesentlich durch die DDR als wichtigem Baustofflieferanten bestimmt, deren Einhandpolitik den Zutritt neuer Anbieter auf den Schlüsselmärkten verhindert. Extraregionale Außenseiterkonkurrenz ist nicht zuletzt wegen der räumlichen Entfernung des Berliner Platzes vom übrigen Bundesgebiet und entsprechend mangelnder Marktkenntnis selten. Dies gilt vor- rangig für solche Baustoffe (zum Beispiel Transportbeton), die aus technischen Gründen nur am Ort hergestellt werden können; bei ihnen sind die nicht in berlin-spezifischen Zusatzkosten begründeten interregionalen Preisdifferenzen am größten.

● Der Substitutionswettbewerb ist ungewöhnlich schwach ausgeprägt.

  – Teilweise werden die Märkte für konkurrierende Produkte von dem bzw. denselben Unternehmen beherrscht (Kies – Splitt; Bituminöses Mischgut – Betonpflastersteine),

  – teilweise bestehen atypische – auch historisch bedingte – Monostrukturen (Kalksandstein),

131

-   teilweise werden gängige Substitutionsprodukte auf dem Berliner Markt überhaupt nicht angeboten (Werk-Frischmörtel).

Unter diesen Voraussetzungen können die Kapitalrenditen vielfach, vor allem aber im Bereich der Baustoffherstellung, höher sein als bei vergleichbaren Verwertungs-möglichkeiten, ohne daß es zu Absatzeinbußen kommt.

4   Regionalwirtschaftliche Konsequenzen der spezifischen Verhältnisse auf dem
      Berliner Baustoffmarkt

4.1   Baustoffpreise, Vorleistungskosten der Bauwirtschaft und Baupreisniveau

4.1.1 Kostengewicht und Struktur der Baustoffe

Um die Relevanz der ermittelten Differenzen zwischen den regionalen Baustoffpreisen für die Kosten der Bauwirtschaft einschätzen und zugleich die These überprüfen zu können, die hohen Berliner Baupreise seien primär auf diese Unterschiede
zurückzuführen, ist zunächst die Struktur des Baustoffverbrauchs und dessen Anteil
am Produktionswert der einzelnen Bausparten zu bestimmen.

Ein solches Vorhaben begegnet erheblichen statistisch-empirischen Problemen: Während Daten über die Bauproduktion von der amtlichen Statistik in hinreichend dis-
aggregierter Form angeboten werden, ist der Baustoffverbrauch weder insgesamt
noch spartenspezifisch statistisch belegt. Zwar ist Berlin die einzige deutsche Wirt-
schaftsregion, für die sowohl Produktion als auch überregionale Bezüge und Lieferungen von Waren statistisch erfaßt werden. Insofern ist prinzipiell auch eine direkte
Ermittlung der in der Stadt verbauten Materialien möglich. In der Praxis gilt dies
jedoch – wenn überhaupt – nur bei einer mengenmäßigen Betrachtung. Wert bzw.
Kosten der von den Bauunternehmen eingesetzten Baustoffe lassen sich aus den
vorhandenen Daten nicht ableiten: Einmal gibt es keine Informationen über die den
einzelnen Produkten durch Handel und Verkehrsgewerbe in der Stadt hinzugefügte
Wertschöpfung. Zum anderen sind die in den amtlichen Warenbegleitscheinen – den
für die Statistik der Warenbewegungen zwischen Berlin und dem Bundesgebiet maßgeblichen Dokumenten – ausgewiesenen Warenwerte offensichtlich unzuverlässig.
Stichproben zeigen, daß die gerade bei Massengütern bedeutsamen Transportkosten
teilweise im angegebenen Rechnungsbetrag enthalten sind, teilweise jedoch nicht.
Dadurch liegen die durchschnittlichen Einfuhrwerte tendenziell unter den Berliner Einstandspreisen.

Eher geeignet zur Ermittlung der Baustoffkosten ist eine Bewertung des aus verschiedenen Datensystemen abgeleiteten Mengengerüsts mit den im Rahmen dieser Arbeit
erhobenen Marktpreisen. Auch dieses Verfahren liefert indes kein hinreichend aus-
sagekräftiges Bild, da die Preise nur für ausgewählte Baustoffe erfragt wurden und

Tabelle 29

Materialverbrauch im Berliner Baugewerbe 1983
in vH des Bruttoproduktionswertes

Wirtschaftszweig Gewerbezweig	Material[1] insgesamt	Baustoffe			Betriebsstoffe	
		Steine und Erden	Eisen und Stahl	Sonstige[2]	Energie	Sonstige[3]
Allgemeiner Hochbau	36	20	5	6	2	3
Fertigteilbau	42	25	7	6	2	2
Allgemeiner Tiefbau	30	16	3	4	4	3
Straßenbau	40	31	1	1	4	3
Sonstige[4]	41	14	4	21	1	1
Bauhauptgewerbe	37	21	5	6	2	3
Ausbaugewerbe	48	2	1	41	2	2
Baugewerbe insgesamt	40	14	3	19	2	2

1) Einschließlich Handelsware und Materialeinsatz von Fremd- und Nachunternehmern. – 2) Holz, Glas, Isoliermaterialien, Kunststoffe, Installationsgeräte und -gegenstände. – 3) Rüst- und Schalholz, Verbaumaterial, Schmierstoffe. – 4) Spezialbau; Stukkateurgewerbe, Gipserei, Verputzerei; Zimmerei, Holzbau, Dachdeckerei.

Quellen: Eigene Berechnungen und Schätzungen.

sich überdies häufig auf andere Maßeinheiten beziehen als auf das in der Warenverkehrsstatistik verwendete Gewicht. Schließlich ist ein Teil der Baustoffe Vorprodukt für andere Baustoffe, so daß die Gefahr von Doppelzählungen besteht. Ergänzend wurde daher versucht, den Baustoffverbrauch indirekt – durch Verknüpfung von Bauproduktion und typischen Vorleistungsquoten – zu schätzen (ähnlich: E. GREIPL und E. SINGER 1978, S. 20 ff).

Basis dieser "Verwendungsrechnung" ist das amtlich berechnete und vom DIW nach Wirtschaftszweigen disaggregierte Bauvolumen für Berlin. In einer solchen Gliederung sind die Produktionswerte mit den Vorleistungsquoten und Güterstrukturen kombinierbar, die vom Statistischen Bundesamt im Rahmen von Kostenstrukturstatistik und Wareneingangserhebung erhoben werden. Beide Datenwerke sind zwar nicht regionalisiert; einzelwirtschaftliche Beobachtungen weisen jedoch darauf hin, daß die Durchschnittswerte bei genügend tiefer Gliederung auf Berlin übertragen werden können. Erforderlich war allerdings eine Korrektur der globalen Werte um regionale Preisdifferenzen und eine Ergänzung um den in der Fremd- und Nachunternehmerleistung (schätzungsweise) enthaltenen Materialanteil. Die auf diese Weise ermittelten Relationen stimmen insgesamt mit den Eckwerten der Volkswirtschaftlichen Gesamtrechnung für Berlin überein. Gleichwohl – und trotz rechnerischer Genauigkeit – können sie lediglich als überschlägige Werte interpretiert werden.

Bei der gegenwärtigen Struktur der Bauproduktion in Berlin sind etwa 40 vH der vom Baugewerbe erbrachten Bruttoproduktion Vorleistungen, die von anderen Wirtschaftszweigen bezogen werden (Tabelle 29). Die Kosten für Bau- und Betriebsstoffe haben damit ein nur wenig geringeres Gewicht als die Personalkosten, die im Durchschnitt der gesamten Branche – einschließlich eines geschätzten Anteils bei den Subunternehmen – rund 45 vH des Bruttoproduktionswertes betragen. Im Vergleich mit dem Bundesgebiet ist der Anteil des Materialeinsatzes in Berlin insgesamt betrachtet um rund 7 vH-Punkte höher – eine Diskrepanz, die sowohl auf Unterschiede in der Tätigkeitsstruktur als auch auf Differenzen in den Preisrelationen zurückzuführen ist.

Eine z w e i g s p e z i f i s c h e Betrachtung zeigt vor allem zweierlei:

● Im Ausbaugewerbe ist die Vorleistungsquote mit 48 vH um nahezu ein Drittel höher als im Bauhauptgewerbe,

• Innerhalb des Rohbaubereichs schwankt die Vorleistungsquote zwischen 30 vH im Allgemeinen Tiefbau und 42 vH im Fertigteilbau.

Eine Gliederung des Materialverbrauchs nach G ü t e r g r u p p e n ergibt, daß im Durchschnitt aller Fertigungszweige ein Zehntel Betriebsstoffe und neun Zehntel Baustoffe sind. Bei diesen wiederum handelt es sich zur Hälfte um Steine- und Erden-Güter sowie Stahl und zur Hälfte um sonstige Erzeugnisse. Der bemerkenswert große Anteil der sonstigen Erzeugnisse innerhalb des gesamten Baustoffverbrauchs ist in erster Linie Ausdruck des vergleichsweise hohen Warenwerts der vom Ausbaugewerbe installierten Geräte. Entsprechend unterschiedlich ist die Güterstruktur der Vorleistungen bei den beiden B e r e i c h e n d e s B a u g e w e r b e s: Während im Bauhauptgewerbe drei Viertel des gesamten Baustoffeinsatzes aus der Steine- und Erden-Industrie sowie aus der Stahlindustrie stammen, bezieht das Ausbaugewerbe lediglich 7 vH seiner Vorleistungen aus diesen Produktionszweigen. Das aber heißt, daß jeweils neun Zehntel aller in Berliner Betrieben verwendeten mineralischen Baustoffe und Betonstähle über das Bauhauptgewerbe laufen.

Die Ergebnisse der Marktanalysen weisen darauf hin, daß die regionalen Preisdifferenzen bei den angesprochenen Massenbaustoffen erheblich größer sind als bei den übrigen Baumaterialien. Daraus folgt, daß das Problem der überdurchschnittlich hohen Berliner Baustoffpreise in erster Linie das Bauhauptgewerbe und damit die Rohbaukosten betrifft. Die verschiedenen Produktionszweige dieses Bereichs werden allerdings in unterschiedlichem Maße tangiert - je nach Anteil der Massenbaustoffe am Materialverbrauch und je nach Struktur der eingesetzten Massenbaustoffe.

Besonders hoch ist die Bedeutung der Massenbaustoffe im Straßenbau und im Allgemeinen Tiefbau; dort beträgt ihr Anteil mehr als 90 vH bzw. rund 70 vH. Mit weniger als 50 vH weit unterdurchschnittlich ist die entsprechende Quote dagegen bei den "Sonstigen Gewerbezweigen". Sie verarbeiten verhältnismäßig viele Spezialstoffe wie Kunststoffe, Isoliermatten und Holz; ihre Vorleistungskosten dürften in Berlin nicht gravierend höher sein als in westdeutschen Ballungsgebieten.

Eine detaillierte Darstellung der in den einzelnen Branchen verwendeten Baustoffe ist nicht möglich; für das gesamte Bauhauptgewerbe konnten jedoch derartige Schätzungen angestellt werden. Danach entfallen zwei Drittel aller Aufwendungen für Baustoffe auf vier Produktgruppen (Tabelle 30). Mit einem Anteil von etwa 23 vH

dominiert Transportbeton, also derjenige Baustoff, bei dem der Preisabstand gegenüber anderen Großstädten mit am höchsten ist. Er hat Kies, Sand und Zement in
weiten Bereichen von der Baustelle verdrängt; direkt eingesetzt spielen diese Stoffe
mit 7 vH der Baustoffkosten zumindest im Durchschnitt sämtlicher Betriebe nur noch
eine untergeordnete Rolle. Überraschend gering ist schließlich auch die Bedeutung
der Mauerwerkselemente, deren Anteil am gesamten Materialaufwand lediglich 8 vH
beträgt.

Tabelle 30 — Struktur der vom Berliner Bauhauptgewerbe
eingesetzten Baustoffe, gemessen an den
Aufwendungen im Jahre 1983

Baustoff	Anteil (in vH) ...	
	...am gesamten Baustoffverbrauch	...am Brutto- produktionswert
Transportbeton	22,6	7,2
Betonelemente[1]	18,7	6,0
Stahl	13,3	4,2
Bituminöses Mischgut	9,6	3,1
Kalksandsteine	4,7	1,5
Kies und Sand	3,7	1,2
Zement	3,3	1,1
Mauersteine (ohne Kalksandsteine)	3,2	1,0
Natursteine	2,7	0,9
Werkmörtel	1,6	0,5
Holz	1,5	0,5
Sonstige	15,1	4,8
Insgesamt	100,0	32,0

1) Stahlbetonfertigteile für den Hochbau und Betonwaren für den Tiefbau.

Quelle: Eigene Berechnungen und Schätzungen.

4.1.2 Größenordnung der Preiseffekte

Eine Gruppierung der Baustoffe nach der Höhe des regionalen Preisabstandes ergibt, daß zwei Fünftel aller eingesetzten Materialien in Berlin um mindestens 25 vH teurer sind als in den norddeutschen Städten. Bei einem Drittel liegen die Effektivpreise um 10 vH bis 25 vH über dem Vergleichsniveau; lediglich ein Viertel kostet hier kaum mehr oder sogar weniger als dort. Unter der Voraussetzung, daß die Preise der nicht detailliert untersuchten "Sonstigen Materialien" sich nicht unterscheiden, führen die Berechnungen zu folgenden Ergebnissen:

- Die Summe aller im Berliner Bauhauptgewerbe verwendeten Baustoffe kostet in Berlin 23 vH mehr als in Hamburg und 26 vH mehr als in Hannover.

- In absoluten Größen und auf der Basis 1983 sind dies Mehrausgaben von 120 Mill. DM bzw. 130 Mill. DM jährlich.

- Dadurch steigen die Rohbaukosten um rund 8 vH, die gesamten Baukosten um gut 4 vH.

Die weiterreichende Frage, inwieweit die relativ hohen Baustoffpreise die überdurchschnittlichen Baupreise in Berlin erklären, ist nicht eindeutig zu beantworten, weil hinreichend abgesicherte Informationen über den regionalen Abstand der Preise für vergleichbare Bauleistungen bzw. Bauwerke fehlen (vgl. G. BITHORN 1983, S. 195 ff).

Geht man einmal davon aus, daß im Bereich konventionell errichteter, mehrgeschossiger Wohngebäude

- die Preise für den Rohbau in Berlin um durchschnittlich 20 vH über dem Hamburger Niveau liegen, und dabei dürfte es sich um eine vorsichtige Schätzung handeln,

- die Preise für die vom Bauhauptgewrbe verwendeten Baustoffe in Berlin um durchschnittlich 30 vH höher sind als in Hamburg, und ein derartiger Abstand ist mit Sicherheit das Maximum,[31]

so ergibt sich, daß höchstens die Hälfte der Differenz zwischen den R o h b a u -
p r e i s e n in den beiden Städten mit höheren Baustoffpreisen, also mit zusätzlichen
Vorleistungskosten begründet werden kann. In jedem Fall geringer einzuschätzen ist
der Einfluß von Stoffpreisunterschieden auf die A u s b a u p r e i s e. In diesem Bereich sind zwar die Materialanteile größer, die interregionalen Preisabstände jedoch
deutlich geringer.

Insgesamt stellen die Baustoffpreise mithin einen wesentlichen, jedoch nicht den entscheidenden Erklärungsfaktor für die hohen Baupreise in Berlin dar.[32]

4.2 Innovationsrate und Beschäftigung

Die empirische Untersuchung der Preisbildung auf dem Berliner Baustoffmarkt hat gezeigt, daß die Preise für mineralische Baustoffe in Berlin als Folge überdurchschnittlicher Transportkosten und der spezifischen Marktstruktur erheblich höher sind als in westdeutschen Ballungsgebieten. Daneben wirken sich räumliche Isolierung und fehlende Selektionsfunktion des Wettbewerbs offenbar auch bremsend auf Diffusion und Adaption von Innovationen aus:[33]

- In verschiedenen Fertigungzweigen, zum Beispiel bei der Herstellung von Betonwaren, bleibt die Produktionstechnik vielfach hinter dem sonst üblichen Stand zurück.

- Neue Baustoffe werden, wenn überhaupt, wesentlich später angeboten bzw. zögernder angenommen als auf den westdeutschen Märkten. Beispiele sind Frischmörtel, Gasbetonsteine, Hohlkörper- und Plattendecken, vorgefertigte Betontreppen und mörtelfreie Poroton-Steine.

- Wichtige produktivitätsfördernde Hilfsmittel für die Baustoffverarbeitung wie Steinsetzmaschinen und Kranversetzanlagen - die in weiten Teilen des Bundesgebietes eingeführt und von den Baustoffproduzenten beigestellt werden - sind in der Stadt kaum bekannt.

- Neue Beschaffungsmärkte werden weniger intensiv erkundet als in den Vergleichsregionen. Dies gilt unter anderem für polnischen Kalk.

Diese, aus eigenen Erhebungen resultierenden Erfahrungen werden gestützt durch die Ergebnisse anderer empirischer Untersuchungen in der Berliner Bauwirtschaft. Nach Aussagen des Nürnberger Instituts SCHOTT erwarten beispielsweise 60 vH der von ihm im Rahmen von Betriebsvergleichen befragten - allerdings keinen repräsentativen Querschnitt darstellenden - Unternehmen aus dem Bauhauptgewerbe in den nächsten drei bis fünf Jahren keine neuen Bauweisen; die Ansicht, daß es in diesem Zeitraum keine neuen Baustoffe geben wird, vertreten sogar 70 vH der angesprochenen Firmen.

Durch die relativ geringe Innovationsdynamik werden Produktivitätseffekte verschleppt oder ausgelassen, die für die Wettbewerbsfähigkeit der Berliner Bauwirtschaft von entscheidender Bedeutung sind. Westdeutsche Bauunternehmen führen ihren steigenden Anteil am Berliner Markt neben den geringeren Löhnen für ihre Arbeitskräfte vor allem auf den stärkeren Einsatz arbeitskostensparender Bau- und Hilfsstoffe zurück. Diese werden, soweit in der Region nicht eingeführt und wenn technisch möglich, bei westdeutschen Produzenten oder Händlern gekauft – eine Möglichkeit, die Berliner Bauunternehmen wegen der mangelnden Markttransparenz und der stärkeren Bindung an den örtlichen Handel sehr häufig nicht haben.

In weit stärkerem Maße noch als die Substitution von Berliner Arbeitskräften durch Auswärtige innerhalb des konventionellen Baus dürfte die seit mehreren Jahren zu beobachtende Verlagerung der Nachfrage vom konventionellen Bau zum Fertigteilbau und damit von der Berliner Produktion zum Import vorgefertigter Bauteile auf Baustoffpreise und regionale Verarbeitungstechniken zurückzuführen sein. Bei dieser sachlichen und zugleich räumlichen Substitution ist vermutlich auch der Verlust an Arbeitsplätzen in der Stadt größer.

Eine Quantifizierung der speziell auf Besonderheiten des Berliner Baustoffmarktes zurückzuführenden Arbeitsplatzeffekte ist bei dem komplexen Wirkungszusammenhang nicht möglich. Insgesamt erfordert die Produktion der importierten Fertigteile im Hochbau (Materialwert 1983 etwa 120 Mill. DM) nach einer überschlägigen Rechnung mindestens 400 Beschäftigte. Hinzu kommen schätzungsweise 200 Personen, die Transport und Montage der Elemente besorgen sowie eine nicht näher quantifizierbare Zahl von Arbeitskräften, die in westdeutschen Zulieferbetrieben mit der "Bestückung" der Großtafeln zu tun haben. Insgesamt muß allein die räumliche Substitutionskomponente auf 1000 Arbeitsplätze veranschlagt werden. Nach Berücksichtigung der sachlichen Komponente – also derjenigen Arbeitsplatzeffekte, die aus der Veränderung der Bauweise resultieren – steigt diese Zahl noch erheblich.

Die Verlagerung der Bautätigkeit vom konventionellen Bau zum (weitgehend importierten) Fertigteilbau hat noch einen längerfristigen Aspekt: Für den Fall nämlich, daß es sich nicht allein um Nachfragespitzen handelt – und davon kann ausgegangen werden – und der Fertigteilbau zum Beispiel infolge geringerer Zinsen oder aus städtebaulichen Gründen an Attraktivität verliert, die Nachfrage sich also wieder mehr auf die heimische Bauindustrie richtet, kann es zu Engpässen auf dem regionalen Arbeitsmarkt und zu einem Mangel an betrieblichem know-how kommen – mit der Gefahr erneuter marktstrukturbedingter Preissteigerungen.

4.3 Distributionseffekte

Baustoffpreisdifferenzen und vergleichsweise geringes Angebot an modernen Baustoffen sind mit Umverteilungseffekten verbunden, die dem regionalen Wirtschaftskreislauf in mehrfacher Weise Kaufkraft entziehen:

Einmal ist zu vermuten, daß ein erheblicher Teil der im interregionalen Vergleich überdurchschnittlichen Erträge aus der Stadt abfließt - bei Konzernunternehmen in Form von Abführungen an die Muttergesellschaften, bei mittelständischen Firmen in Form direkter Investitionen in westdeutsche Niederlassungen. Deutlich sichtbar ist der "Kapitalexport" im Beton- und Mörtelsektor, wo einige heimische Unternehmen - sicherlich auch motiviert durch die Regelung der Investitionsförderung in Berlin - förderungsgesetz-systematisch Betriebe im niedersächsischen Grenzgebiet zur DDR übernehmen bzw. neu errichten. In die für den regionalen Markt produzierenden Produktionsstätten der Steine- und Erden-Industrie Berlins werden lediglich etwa 15 Mill. DM jährlich investiert, das entspricht 0,5 vH des industriellen Investitionsvolumens in der Stadt (vgl. H. F. TITZMANN 1985, S. 317). Die sektorale Investitionsquote liegt seit Jahren bei knapp 5 vH und ist damit deutlich geringer als im gesamten Bundesgebiet.

Zum anderen wird die Wettbewerbsfähigkeit der Berliner Bauwirtschaft gemindert und dadurch der Import von Bauleistungen - sowohl in Form von Arbeitskräften für konventionelle Bauarbeiten als auch in Form von Fertigteilen - forciert. Zwar sind derartige Subventionsvorgänge nicht zwangsläufig berlinspezifisch - und unter Allokationsgesichtspunkten möglicherweise sogar erwünscht. Sofern jedoch eine Umsetzung der in der heimischen Bauwirtschaft freigesetzten, in der Regel überdurchschnittlich bezahlten (vgl. K. GEPPERT 1984, S. 7) Arbeitskräfte in gleichwertige Beschäftigungsverhältnisse nicht gelingt, kommt es zu einem Nachfrageausfall in der Stadt mit tendenziell negativen Auswirkungen auf Beschäftigung und Einkommen in nachgelagerten Wirtschaftszweigen (Handel, Dienstleistungen).

In jedem Falle sind jedoch die Wirkungen auf den regionalen Wirtschaftskreislauf hier andere als in den westdeutschen Ballungsräumen. Während sich strukturelle Verlagerungen zwischen Betrieben oder Branchen dort meist innerhalb der Verflechtungsgebiete abspielen, Einkommen und Wirtschaftskraft der Region als ganzes also nicht tangiert werden, kommt es in Berlin zum Abfluß von Einkommen und Nachfrage.

Dieser Abfluß ist aus regionaler Sicht insofern besonders negativ zu bewerten, als der Effekt bei den Baupreisen bislang relativ gering ist. Vor allem im Wohnungsbau dürfte bei der geltenden Förderungspraxis mit ihren vorgegebenen Kostenmieten nur ein Teil der Kostenvorteile an die Bauherrn bzw. an die öffentliche Hand als Subventionsgeber durchschlagen. Bund und Land Berlin tragen aber ohnehin die Hauptlast der hohen regionalen Baustoffpreise: Unter der Voraussetzung, daß die Bauwirtschaft ihre Vorleistungskosten voll weitergeben kann – und davon ist auszugehen – entfällt auf die öffentlichen Haushalte im Zusammenhang mit ihren eigenen Bauvorhaben sowie mit Zuwendungen an die Versorgungsbetriebe und an den Wohnungsbau mehr als die Hälfte aller aus regionalen Baustoffpreis-Differenzen resultierenden Ausgaben; im Vergleich mit Hamburg waren dies 1983 mehr als 60 Mill. DM.

5   Ansatzpunkte und Handlungsspielräume für wettbewerbsfördernde wirt-
        schaftspolitische Maßnahmen auf dem Berliner Baustoffmarkt

5.1   Ausgangsüberlegungen

Nach aktuellen Projektionen (vgl. H. DROEGE 1985, S. 24) wird die Nachfrage
nach Bauleistungen in Berlin bis zum Ende dieses Jahrzehnts weitgehend kon-
stant bleiben und zwischen 8,5 Mrd.DM und 9 Mrd.DM - zu Preisen von 1984
gerechnet - schwanken. Zwar ist mit deutlichen Verschiebungen innerhalb der
Bauwerksstruktur - vom Hochbau zum Tiefbau und vom Neubau zur Modernisierung - zu rechnen. Gleichwohl wird der Bedarf an wichtigen mineralischen
Massenbaustoffen, insbesondere an Transportbeton, kaum zurückgehen. Vom
Nachfragevolumen her ist mithin kein Druck auf die installierten Kapazitäten
und damit auf die Preise zu erwarten. Dies gilt umso mehr, als sich auf der
Angebotsseite bislang keine Belebung des Wettbewerbs abzeichnet. Im Gegen-
teil: Die wichtige Teilmärkte beherrschenden Unternehmen haben ihre Position
in jüngster Zeit durch Ausweitung des Produktspektrums und Neuverteilung der
Exklusivrechte zum Bezug von Baustoffen aus der DDR (so im Falle von
Zement) noch ausgebaut.

Bei dieser Konstellation und unter den geltenden Rahmenbedingungen muß
davon ausgegangen werden, daß es auch künftig nicht zu einer, von den
Kosten her durchaus möglichen, Verringerung des Preisniveaus auf dem regionalen Baustoffmarkt kommt.

In dieser Situation fällt dem Staat eine zweifache Aufgabe zu:

-   als Marktteilnehmer, insbesondere als Hauptabnehmer von Baustoffen im
    Tiefbau, müssen die öffentlichen Bauherren bzw. Subventionsgeber ihr
    Nachfrageverhalten mehr als bisher an den Erfordernissen eines wirksamen
    Wettbewerbs ausrichten,

-   als Träger der Wettbewerbspolitik und der (regionalen) Wirtschaftspolitik hat
    der Staat, insbesondere das Land Berlin, das vorhandene Instrumentarium
    so einzusetzen, daß die Konzentration des Angebots abgebaut und der
    Innovations- und Preiswettbewerb zwischen den Unternehmen gefördert
    wird.

Ein Ansatzpunkt zur Verhinderung bzw. Verringerung wettbewerbsbeschränkender Marktmacht besteht in k a r t e l l r e c h t l i c h e n M a ß n a h m e n – in der Mißbrauchsaufsicht über marktbeherrschende Unternehmen, in Kartellverboten und Fusionskontrollen.

Im vorliegenden Zusammenhang können die Kartellbehörden insbesondere prüfen, ob die Preisgestaltung der Unternehmen den Vorschriften des Gesetzes gegen Wettbewerbsbeschränkungen (GWB) entspricht. Soweit ein marktbeherrschendes Unternehmen seine Stellung dadurch (mißbräuchlich) ausnutzt, daß es überhöhte Preise verlangt und damit seine Vertragspartner schädigt, kann dieses Verhalten nach § 22, Abs. 4 und 5 GWB verfolgt werden. Diese Möglichkeit besteht grundsätzlich auch gegenüber den Berliner Handelspartnern der DDR, die nach den Erkenntnissen der vorliegenden Untersuchung regelmäßig marktbeherrschende Stellungen haben. In der Praxis ist die Konkretisierung des Ausbeutungsmißbrauchs allerdings außerordentlich schwierig, da objektive Maßstäbe für wettbewerbsadäquate Preise fehlen und Hilfskonstruktionen wie das Vergleichsmarktkonzept erhebliche Unwägbarkeiten enthalten. Den Kartellbehörden sind daher durch höchstrichterliche Entscheidung sehr enge Grenzen bei der Aufsicht über den Preismißbrauch gezogen (vgl. R. KURZ und L. RALL 1983, S. 1 ff und S. 259).

Im Rahmen dieser Arbeit werden staatliche Struktur- und Verhaltenskontrollen als Mittel zur Bewältigung der Wettbewerbsprobleme auf dem Berliner Baustoffmarkt nicht weiter diskutiert. Die Überlegungen konzentrieren sich vielmehr auf die Frage, wie die verfügbaren wirtschaftspolitischen Instrumente für eine Aktivierung potentieller Wettbewerber und damit für eine effizientere m a r k t l i c h e K o n t r o l l e eingesetzt werden können. Dabei geht es einmal um eine wettbewerbsfreundlichere Gestaltung der Rahmenbedingungen, insbesondere um den Abbau der gegenwärtigen Marktzutrittsschranken, zum anderen um eine intensivere Förderung zusätzlicher unternehmerischer Aktivitäten im Baustoffsektor.

5.2 Maßnahmen auf der Angebotsseite

5.2.1 Verbesserung der Marktzutrittsbedingungen für Anbieter mineralischer Basisbaustoffe

Die Analyse der Preisbildung hat gezeigt, daß die hohen Preise für Baustoffe in Berlin wesentlich auf die Marktmacht der DDR und ihrer Leithändler zurückzuführen sind. Diese werden vor den nächstgelegenen Konkurrenten in Schleswig-Holstein und Niedersachsen durch die außergewöhnlich hohen Frachten für Transporte aus diesen Gebieten geschützt. Ansatzpunkte für die Senkung der Baustoffpreise liegen mithin zunächst im Verkehrsbereich: Kurzfristig ist an eine V e r r i n g e r u n g d e r F r a c h t t a r i f e , längerfristig auch an eine V e r b e s s e r u n g d e r V e r k e h r s b e d i n g u n g e n auf den Wasserstraßen zu denken.

Im Straßengüterfernverkehr hätte bereits die Anwendung der innerhalb des Bundesgebietes geltenden Ausnahmetarife auf Berlin eine spürbare Verringerung der Transportkosten bei Schüttgütern wie Zement und Kalk, aber auch bei Stückgütern wie Mauersteinen oder Dachziegeln zur Folge. Da sich unter den heutigen Transitverhältnissen - insbesondere auf der dominierenden Strecke zwischen Helmstedt und Berlin - eine überzeugende Begründung für die praktizierte Abrechnung des Berlin-Verkehrs nach den vergleichsweise hohen Regelsätzen des Reichskraftwagentarifs kaum mehr finden läßt, müßte eine Gleichstellung Berlins mit dem westdeutschen Wirtschaftsraum durchaus zu erreichen sein.[34]

Die Wettbewerbsposition des gewerblichen Güterfernverkehrs und der von ihm belieferten Baustoffproduzenten in Berlin gegenüber dem Werksverkehr und den ihn betreibenden, meist marktstarken Konkurrenzunternehmen im Fertigungsbereich ließe sich zudem verbessern, wenn die wettbewerbsverzerrende Differenzierung der Investitionszulage beseitigt würde: Die geltende Regelung des Berlinförderungsgesetzes, nach der die Anschaffungskosten für Transportmittel (Lastkraftwagen, Binnenschiffe), die zur Beschaffung von Rohstoffen (z.B. Zement) für die Weiterverarbeitung (z.B. Transportbeton) eingesetzt werden, im Falle werkseigener Fahrzeuge zu 25 vH, im Falle gewerblich genutzter Fahrzeuge dagegen "lediglich" zu 10 vH durch öffentliche Mittel finanziert werden, führt zu einer sachlich nicht gerechtfertigten Begünstigung eines Teils der Marktteilnehmer mit entsprechenden Differentialrenten.

Wichtiger noch als im Straßengüterverkehr erscheint eine Änderung der Tarif-
strukturen im Bereich der Binnenschiffahrt, dem für transportkostenintensive Baustoffe prädestinierten und vorherrschenden Verkehrsträger. Im Rahmen der geltenden
Verkehrsmarktordnung mit ihren staatlich regulierten Preisen ist vor allem an eine
Auflockerung der vorgeschriebenen Festfrachten durch Einführung von Margen zu
denken, bei denen lediglich Höchst- und Mindestpreise festgelegt sind. Eine solche
Regelung wäre insbesondere für die Beförderung von Kies und Splitt zwischen dem
östlichen Niedersachsen und Berlin via Mittellandkanal erforderlich – in Analogie zu
entsprechenden Vereinbarungen für den Verkehr auf westdeutschen Wasserstraßen,
aber auch als Korrelat zu den Sondertarifen verschiedener Bundesländer für den
Transport von Kies und Splitt im Straßengüternahverkehr.[35]

Daß Margenregelungen im Bereich der angesprochenen Gütergruppen praktiziert
werden, belegen zwei Beispiele:

- Beim Schiffstransport von Kies und Splitt über den Elbe-Lübeck-Kanal nach
  Hamburg oder Lüneburg sind – vermutlich im Hinblick auf die Konkurrenz aus dem
  Harz – Minderungen des Richtsatzes um bis zu 12 vH zugelassen (DTB-D
  503/78a).

- Beim Schiffstransport von Kies, Sand und Splitt ab oberrheinischen Ladestellen
  können – offensichtlich zur Verbesserung der Wettbewerbsfähigkeit der deutschen
  Seite gegenüber den nicht tarifgebundenen Transporten von elsässischen Häfen
  aus – Abschläge von der Grundfracht bis zu 35 vH vereinbart werden (DTB-A
  503/126).

Insbesondere die dem Margentarif für die Rheinschiffahrt zugrundeliegende Proble-
matik weist Parallelen zur Situation des Schiffsverkehrs zwischen Westdeutschland
und Berlin auf: Dort haben die Baustoff-Produzenten am französischen Ufer als Folge
faktisch liberalisierter Preisbildung für grenzüberschreitende Transporte auf den
deutschen Absatzmärkten Wettbewerbsvorteile gegenüber den heimischen Konkurrenten, die auf dieser Seite des Rheins ansässig sind. Hier sind die Frachten für
Lieferungen aus der DDR und Polen – auch wenn sie mit bundesdeutschen Schiffen
ausgeführt werden – an keinerlei Tarife gebunden, während Transporte aus Niedersachsen und Schleswig Holstein zu den hohen Festentgelten für den Inlandsverkehr
abgewickelt werden müssen.

Nach Kalkulationen verschiedener im Rahmen der Untersuchung befragter Partikulierschiffer können die geltenden Frachtraten für die Relation Braunschweig/Salzgitter - Berlin um 25 vH gesenkt werden, ohne daß die Wirtschaftlichkeit der Betriebe gefährdet ist (Tabelle 31).[36] Dabei wird vorausgesetzt, daß

- die Umlaufzeit (Beladen, Transport und Löschen der Baustoffe sowie Rückfahrt) 6 Tage beträgt,

- die Lastkähne 10 Monate im Jahr eingesetzt werden können und

- die Zuladung pro Schiff (Eurotyp III mit einer Tragfähigkeit von 1000 t) mindestens 750 t beträgt.

Größer noch wären die Möglichkeiten einer Transportpreis-Reduzierung, wenn Schubeinheiten eingesetzt würden oder wenn es gelänge, Rücktransporte zu organisieren bzw. Ringverkehre einzurichten. So könnten Schiffe, die Kohle aus polnischen Revieren in den Braunschweiger Raum befördern und (gegenwärtig) leer zurückfahren, Kies nach Berlin fahren. Denkbar wäre auch, daß Schiffe nacheinander Harz-Kies von Salzgitter über den Elbe-Seiten-Kanal nach Hamburg, schleswig-holsteinischen Sand oder Mauerwerkselemente über die Elbe nach Berlin und schließlich polnische Kohle über Oder-Havel-Kanal, Elbe und Mittellandkanal nach Salzgitter befördern.

Bereits eine Minus-Marge von 25 vH auf die Grundfracht, wie sie ohne derartige weiterreichende Überlegungen als möglich erachtet wird, würde sich bei voller Ausnutzung mit 12 vH im cif-Berlin-Preis für Siebkies niederschlagen. In diesem Falle könnten die hochwertigen Okerkiese (vgl. P. EGGERT, J. PRIEM und E. WETTIG 1985, S. 2 - 8 ff) sowie Hartsteinsplitte aus dem Harz - vor allem der in Niedersachsen als Regelmaterial verwendete Diabas, aber auch Gabbro und Basalt - deutlich unter dem jetzigen Marktpreis in Berlin angeboten werden. Dies gilt möglicherweise auch für Lockermaterialien aus dem Mittelweser-Raum, wo sich "eine Vielzahl qualitativ wie quantitativ hochwertiger Kiessandlagerstätten" (K. VOSSEN 1984, S. 43) in günstiger Lage zu den Wasserwegen Weser und Mittellandkanal befindet, die wegen der geringen Absatzmöglichkeiten in der Umgebung schon jetzt weiter entfernt liegende Märkte bedienen.

Tabelle 31   Kostenkalkulation für Kies-Transporte per Binnenschiff
von Stationen Mittellandkanal nach Berlin (West)

	Reederei-schiff	Partikulier-schiff
	1 000 DM/Jahr	
1 Betriebskosten [1]	476	365
1.1 Fixkosten [2]	356	248
1.1.1 Personalkosten	180	120
1.1.2 Berufsgenossenschaft	16	8
1.1.3 Versicherungen	35	35
1.1.4 Instandhaltung	45	35
1.1.5 Reparaturrücklage	40	40
1.1.6 Verwaltung	40	10
1.2 Variable Kosten [3]	110	110
1.2.1 Treibstoffe	105	105
1.2.2 Schmierstoff	5	5
1.3 Steuern	10	7
2 Kapitaldienst [4]	90	90
2.1 Zinsen und Tilgung	50	50
2.2 Abschreibung	40	40
3 Kosten insgesamt	566	455
	DM/t	
4 Kalkulatorischer Frachtsatz [5]	13,32	10,71
nachrichtlich:		
Tariflicher Frachtsatz [6]	14,72	14,72
Frachtsatz bei 10 vH-Minusmarge	13,27	13,27

Berechnungsgrundlagen:

1) Angenommen ist eine Reisedauer (Laden, Hinfahrt, Löschen, Rückfahrt) einschließlich Sonn- und Feiertagsanteilen für die Relation Üfingen-Berlin oberhalb von 6 Tagen sowie eine Maschinenbetriebsdauer im Lastverkehr von 32 Stunden und im Ballastverkehr von 27 Stunden.

2) Angenommen ist eine Schiffsbesatzung von jeweils 3 Personen.

3) Bei einer Maschinenbetriebsdauer von 59 Stunden, einer Maschinenleistung von 800 PS und einer Zuladung von 850 t beträgt der Gasölverbrauch 3 600 l je Reise. Bei 50 Reisen jährlich und einem Tagespreis von 580 DM/1 000 l betragen die Treibstoffkosten 105 000 DM/Jahr.

4) Angenommen ist ein Kaufpreis von 600 000 DM, eine Fremdfinanzierungsquote von 50 vH und ein Abschreibungszeitraum von 15 Jahren.

5) Motorschiffsanteilsfracht und Gasölzuschläge ohne Rückfracht bei einer Abladetiefe von 2 m; ohne Organisationsgebühr und öffentlich-rechtliche Gebühren.

6) Fracht lt. FTB 509/16 nach Berücksichtigung der Abzüge für verkürzte Lade- und Löschzeiten sowie Gasölzuschlag von 1,60 DM/t; ohne Organisationsgebühr und öffentlich-rechtliche Gebühren. Stand: 2. Quartal 1986.

Quellen: Eigene Berechnungen und Schätzungen auf der Basis von Angaben eines Schiffseigners; Frachten- und Tarifanzeiger der Binnenschifffahrt (FTB).

Eine Senkung der Mindestsätze im Binnenschiffsverkehr hätte zunächst zur Folge, daß gewisse Vorteile, die einzelne Kies- oder Splittverarbeiter in der Stadt dadurch erzielen, daß sie eigene Schiffe einsetzen bzw. Fuhrmannshändler zwischenschalten und damit keiner Tarifbindung unterliegen, geschmälert bzw. ganz entfallen würden. Zum anderen und vor allem aber hätten die DDR und ihre Berliner Handelspartner, um am Markt bestehen zu können, vorhandene Standortvorteile eher weiterzugeben als unter den gegenwärtigen Bedingungen.

Für die westdeutsche Binnenschiffahrt würde eine Reduzierung der Frachttarife tendenziell eine verbesserte Auslastung des vorhandenen Transportraums mit sich bringen. Durch eine Orientierung der Margenuntergrenzen an den realen Kostenverhältnissen kleiner Schiffahrtsbetriebe könnte zugleich ein ruinöser Wettbewerb zu ihren Lasten verhindert werden.

Der Schutz der Deutschen Bundesbahn - generell ein wichtiges Argument in der Debatte über eine (partielle) Deregulierung im Verkehrsbereich (vgl. dazu H. St. SEIDENFUS 1984, S. 16) - spielt im Zusammenhang mit der Binnenschiffahrt zwischen Norddeutschland und Berlin keine große Rolle, da nur ein extrem geringer Teil der angesprochenen Massenbaustoffe per Bahn transportiert wird, die Auslastung ihrer Kapazitäten also durch tarifliche Veränderungen bei anderen Verkehrsträgern nicht wesentlich tangiert wird. Da die Tarife im Binnenschiffsverkehr überdies für jedes Beförderungsgut und für jede Transportrelation gesondert festgelegt werden, hätte die Einführung von Margen auf den Berlin-Strecken auch keinen präjudizierenden Charakter.

Voraussetzung für eine Änderung der geltenden Frachtenstruktur ist nun allerdings, daß interessierte Transporteure (bzw. Verlader) bei dem für den Berlin-Verkehr zuständigen Frachtenausschuß entsprechende Anträge einbringen.[37] Dies ist von den größeren Reedereien nicht zu erwarten. Sie transportieren zu einem wesentlichen Teil Güter aus den eigenen Konzernen und profitieren von hohen Frachtraten, weil diese von kostengünstiger (Tabelle 31) bzw. billiger fahrenden Frachtführern legal nicht unterboten werden können. Im Berlin-Verkehr kommt hinzu, daß niedrigere Frachten und damit tendenziell geringere Einstandspreise teilweise den Interessen anderer im Ost-Geschäft engagierter Berliner Konzernunternehmen widersprächen. Aber auch kleinere Reedereien, Transportgenossenschaften oder freie Partikuliere werden wohl nur dann für eine Flexibilisierung der Frachten eintreten, wenn sie dadurch eine Erhöhung ihres Frachtaufkommens erwarten können.

Auf den ersten Blick erscheint eine derartige Perspektive wenig realistisch, weil eine Verringerung der Angebotspreise für westdeutsches Material auf dem Berliner Markt die DDR - und andere osteuropäische Staaten, insbesondere Polen - möglicherweise zu entsprechenden Preissenkungen veranlassen würde. In diesem Fall sänke zwar das Preisniveau in Berlin, an der Position der westdeutschen Wettbewerber änderte sich jedoch nichts.

Grundsätzlich dürfte ein Zusammenhang dieser Art tatsächlich bestehen, und zwar vor allem bei Produkten, die von der DDR in gleicher Ausführung und Qualität geliefert werden können wie von bundesdeutschen Herstellern, also zum Beispiel bei Kies und Sand. Faktisch gibt es allerdings Grenzen für ein solches Verhalten: Fiele der auf dem Berliner Markt zu erzielende Preis unter das Niveau anderer DDR-naher Regionalmärkte, zum Beispiel Hamburgs, würde die DDR ihre Absatzbemühungen bei insgesamt weitgehend fixierten Ausfuhrmengen vermutlich auf diese, teilweise günstiger zu den Abbaugebieten gelegenen, Märkte konzentrieren.

Völlig anders zu bewerten ist die Situation bei Produkten, die von der DDR bzw. anderen östlichen Staaten nicht in der benötigten Qualität bzw. Menge geliefert werden können, also bei bestimmten Zementen. Hier können sinkende Preise für Inlandsware zum Beispiel eine Substitution importierter Betonfertigteile durch entsprechende Berliner Produkte auslösen und auf diese Weise durchaus größere Absatzmengen westdeutscher Lieferanten nach sich ziehen.

Generell ist die Bedeutung möglicher preispolitischer Reaktionen der DDR-Lieferanten für die Absatzmöglichkeiten westdeutscher Rohstoff-Produzenten insofern zu relativieren, als diese nicht allein unter preislichen Gesichtspunkten, sondern auch im Hinblick auf eine gesicherte Rohstoffversorgung neu zu gründender weiterverarbeitender Baustoffbetriebe in Berlin wichtig sind.

Über die kurzfristig - und ausschließlich mit westdeutschen Organen, insbesondere mit dem Frachtenausschuß Dortmund sowie dem Bundesminister für Verkehr - realisierbaren tariflichen Maßnahmen hinaus sollte auf mittlere Frist eine Verbesserung der institutionell-organisatorischen und der infrastrukturellen Bedingungen für die Binnenschiffahrt durch die DDR angestrebt werden. Dabei geht es sowohl um eine Verkürzung der Fahrzeiten als auch um die Verbesserung der Navigationsbedingungen durch Beseitigung von Niedrigwasserlagen:

- Eine Beschleunigung des Verkehrs zwischen dem Bundesgebiet und Berlin erfordert die Möglichkeit von Blindfahrten (Radar) und eine schnellere Abfertigung des bundesdeutschen Schiffsraums an den Schleusen.

- Tauchtiefen, die über das ganze Jahr hinweg volle Beladung der Lastkähne zulassen und damit einen wettbewerbsfähigen Transitverkehr ermöglichen, sind nur auf einer vom Pegelstand der Elbe unabhängigen Wasserstraße zu erreichen. Dazu muß die bereits vor dem zweiten Weltkrieg geplante und damals auch begonnene Elbe-Überführung bei Magdeburg gebaut werden.[38] Sie würde den Mittelland-Kanal über eine Trogbrücke und ein (zweikammeriges) Schleusenhebewerk mit dem 19 m tiefer gelegenen Elbe-Havel-Kanal verbinden und damit eine durchgehende vollschiffige – auch für Europa-Schiffe geeignete – Verbindung zwischen Berlin auf der einen Seite, Hamburg, den Rhein-Häfen sowie dem westdeutschen Mittellandkanal-Gebiet mit Weser und Oker auf der anderen Seite herstellen[39] (vgl. dazu auch R. HOPF 1975, S. 67 ff).

Verbesserte Bedingungen für den großräumigen Schiffstransport von Baustoffen, insbesondere von Massenrohstoffen, sind sowohl vor dem Hintergrund der innerstädtischen verkehrlichen Infrastruktur als auch im Hinblick auf die Standorterfordernisse von (neu anzusiedelnden) Baustoffbetrieben wünschenswert (Schaubild 8).

- Zunächst verfügt Berlin über ein gut ausgebautes und weitläufiges Wasserstraßennetz mit einer Länge von 126 km sowie über räumlich breit gestreute Umschlagskapazitäten, deren Auslastung offenbar Probleme bereitet (vgl. O. HUTER und CH. LANDERER 1984, S. 223).[40]

- Darüberhinaus ist der größte Teil der weiterverarbeitenden Betriebe aus dem Bereich der Steine- und Erden-Industrie am Wasser gelegen.

- Schließlich kann der Teltow-Kanal nach der Öffnung der westlichen Einfahrt wieder ohne den bislang erforderlichen – äußerst zeit- und kostenaufwendigen – Umweg über Havel und Spree befahren werden. Gegenwärtig wird der Kanal für

Schiffe mit einer Tragfähigkeit bis zu 1 000 t ausgebaut.[41] Dadurch werden auch Standorte in der südlichen Hälfte der Stadt für Anlieferung und Verarbeitung von Baustoffen wettbewerbsfähig.

Verbesserungen im Verkehrsbereich mit den entsprechenden Kostenentlastungen werden sich allerdings nur dann nachhaltig auf die Baustoffpreise auswirken, wenn es gleichzeitig zu einer Wettbewerbsbelebung auf dem regionalen Markt kommt, die Abhängigkeit von einem oder zwei Importeuren also gemildert wird. Erforderlich ist daher, daß westdeutsche Erzeuger selbst in Berlin anbieten oder mit "neuen" Händlern ins Geschäft kommen.

Um potentiellen Lieferanten den Zugang zum Berliner Markt mit seinen atypischen räumlichen Bedingungen und den daraus resultierenden Grundstücksengpässen zu erleichtern bzw. erst zu ermöglichen, sollte das Land Berlin günstig gelegene Umschlags- bzw. Lagerplätze bereitstellen und zinsgünstige Kredite aus ERP-Mitteln gewähren. Dabei geht es primär um die Finanzierung der Betriebsmittel, da Lieferanten westdeutschen Materials wegen der wechselnden Verhältnisse auf den Transit-Wasserstraßen größere Lager in der Stadt unterhalten müssen.

Zwar erfüllen die hier diskutierten Baustoffaktivitäten nicht die geltenden Kriterien der Förderungswürdigkeit im Sinne einer über die gesetzlich verbürgten Maßnahmen des Berlinförderungsgesetzes hinausgehenden Unterstützung: Fernabsatzorientierung der wirtschaftlichen Tätigkeit bzw. deutliche direkte Beschäftigungseffekte. Mit Blick auf die weitreichende, Wohn- wie Standortqualität Berlins nachhaltig beeinflussende Wirkung der Baupreise (und damit deren Komponenten) scheint es jedoch gerechtfertigt, von diesen "Regelkriterien" abzugehen. Im übrigen verbessert eine Politik der Marktöffnung im Baustoffbereich über eine Verringerung der Baukosten prinzipiell auch die Wettbewerbsposition von Industrie und Dienstleistungsgewerbe und entspricht damit letztlich wieder dem erklärten Primat einer fernabsatzorientierten Wirtschaftsförderung.

Unabhängig von diesen Bestrebungen wäre es zu wünschen, daß die DDR sich zu einer Lockerung des Einhandsystems bereitfände und ihre Produkte an eine größere Zahl von Abnehmern verkaufte.

5.2.2 Ansiedlung weiterverarbeitender Betriebe

Gelingt es,

- die Kosten für den Bezug der wichtigsten Basisbaustoffe (Kies, Sand, Splitt, Zement, Kalk und Gips) sowie deren Berliner Marktpreise zu senken,

- die Abhängigkeit von den gegenwärtigen Lieferanten aufzuweichen und die Gefahr von Behinderungen bei der Rohstoffversorgung zu beseitigen,

so ist eine wichtige Voraussetzung für die Ansiedlung neuer Betriebe und damit für eine Verstärkung des Wettbewerbs im weiterverarbeitenden Bereich erfüllt. Hierbei sind allerdings mehrere Restriktionen zu beachten:

- In Berlin produzierte Massenbaustoffe können in Anbetracht der peripheren geographischen Lage der Stadt einerseits, erheblicher Überkapazitäten innerhalb des westdeutschen Wirtschaftsraums andererseits kaum überregional abgesetzt werden.

- Für verschiedene ausgereifte und kapitalintensive Produktionen, die in Berlin nicht vertreten sind – zum Beispiel Zement, Hochlochziegel oder Gasbeton – dürfte die Aufnahmefähigkeit des regionalen Marktes unter der technisch determinierten Mindestgröße für eine konkurrenzfähigen Fertigung liegen[42]. Bei dem meist hohen spezifischen Energieverbrauch dieser Industrien wirkt außerdem das überdurchschnittliche Berliner Energiepreisniveau zugangshemmend.

- Eine produktionstechnisch bedingte Marktzutrittsschranke besteht auch im Kalksandsteinbereich. Bei den gegebenen Absatzmöglichkeiten können die Größenvorteile des bereits in der Stadt produzierenden Betriebes von einem weiteren Hersteller nicht erreicht werden.

Insofern beschränken sich die Möglichkeiten der Betriebsansiedlung auf solche Produktionen, die entweder grundsätzlich einen lokalen Absatzradius haben oder eine gewisse Spezialisierung aufweisen.

Zu diesen Produktionen gehört die Herstellung von T r a n s p o r t b e t o n :
Dieses Erzeugnis, das annähernd ein Viertel des Baustoffverbrauchs im Bauhauptgewerbe ausmacht und damit wesentliche Bedeutung für die gesamten Baustoffkosten

hat, kann von den Kosten her zu deutlich geringeren Preisen angeboten werden als gegenwärtig üblich. Versuche, das enge Oligopol auf dem Markt aufzubrechen, sind bislang immer wieder daran gescheitert, daß zwischen den etablierten Produzenten und den Lieferanten der Ausgangsstoffe enge Verbindungen bestehen. Durch die Möglichkeit, die benötigten Vorprodukte auch über andere Händler beziehen zu können, würden die Chancen zusätzlicher Anbieter deutlich verbessert.

Bei der hohen Transportkostenempfindlichkeit von Ausgangsstoffen und Endprodukt hängt die Wirtschaftlichkeit derartiger Anlagen allerdings in entscheidendem Maße von ihrer stadträumlichen Lage ab. Schaubild 8 markiert Standorte, die sowohl unter dem Aspekt ihrer verkehrlichen Situation (Anbindung an das Wasserstraßennetz und Autobahnnähe) als auch im Hinblick auf ihre Entfernung zu den künftigen Bauschwerpunkten bzw. zu den vorhandenen Mischwerken als geeignet erscheinen und wo nach eigenen Erkundungen Grundstücke der erforderlichen Größe verfügbar sind.

Die größten Preiseffekte wären vermutlich zu erzielen, wenn Unternehmen der mittelständischen Bauwirtschaft selbst ein Betonmischwerk errichten und betreiben würden. Dieser Firmenkreis ist gegenüber den überregional tätigen Konzernunternehmen, die beim Einkauf in der Regel höhere Rabatte eingeräumt bekommen bzw. eigene Frischbetonanlagen unterhalten, benachteiligt. Nicht zuletzt deshalb unterliegen heimische Baufirmen relativ häufig im Wettbewerb mit westdeutschen Konkurrenten. In dieser Situation kann erwartet werden, daß sie eine Verringerung der Stoffkosten eher als andere in den Preisen für Bauleistungen weitergeben; ihre Wettbewerbsposition verbessert sich, ohne daß die Ertragslage tangiert wird. Sofern der Eigenbedarf der beteiligten Unternehmen und der mögliche Fremdabsatz groß genug sind, um ein Mischwerk in der Dimension der vorhandenen Anlagen (durchschnittlich 70 000 cbm pro Jahr) auszulasten und damit einen Marktanteil von etwa 10 vH zu erreichen, müßte eine generell spürbare Preissenkung auf dem regionalen Markt für Fertigbeton durchzusetzen sein.

Mehr als bisher könnten in Berlin kleinere B e t o n s t e i n e für den Hochbau, wie Treppen, Schächte, Einfassungen, produziert werden. In diesem Bereich bestehen nach Aussagen zugewanderter Bauunternehmen mit überregionaler Erfahrung erhebliche Lücken im Angebot. Dies gilt vermutlich auch für Fassadenelemente wie Säulen, Erker, kleine Giebel, Spitz- und Rundbogen. Beim gegenwärtigen Trend in der Architektur und in Erwartung einer stärkeren Hinwendung des konventionellen Baus zur Mischbauweise (vgl. K. GREFERMANN 1981a, S. 78) dürften derartige Fertigteile, die

155

Schaubild 8

Standortkriterien und mögliche Standorte für Produktion und Umschlag
mineralischer Massenbaustoffe in Berlin (West)

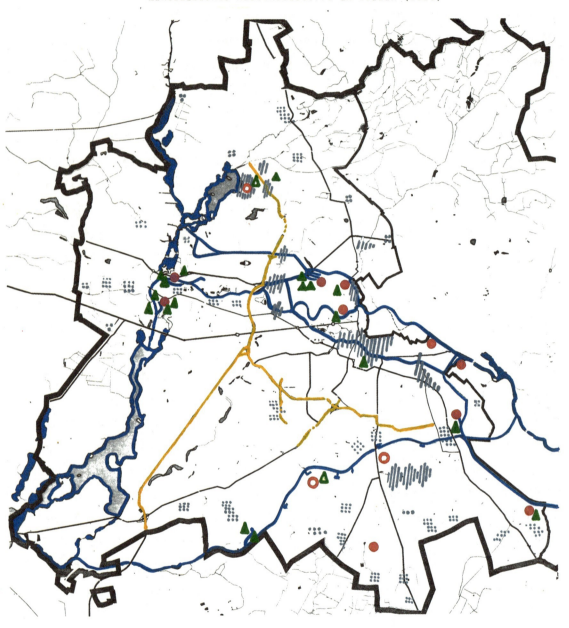

—— Binnenwasserstraße	● Transportbetonwerk in Betrieb
—— Stadtautobahn	▲ Produktionsstätte für andere mineralische Baustoffe in Betrieb
⋮⋮ Künftiger Bauschwerpunkt von überörtlicher Bedeutung	○ Möglicher Standort für ein neues Transportbetonwerk
∷∷ Künftiger Bauschwerpunkt von örtlicher Bedeutung	△ Möglicher Standort für andere Aktivitäten im Baustoffbereich

Quellen: Eigene Erhebungen sowie Projektionen auf der Basis von Angaben des Se-
          nators für Stadtentwicklung und Umweltschutz, Berlin.
          Kartengrundlage: Senator für Bau- und Wohnungswesen, Berlin.

In der erforderlichen Qualität und Wirtschaftlichkeit wohl nur in stationären Anlagen gefertigt werden können, einen aufnahmefähigen Markt haben. Wichtig ist in diesem Zusammenhang auch, daß der Wettbewerb auf dem Markt für standardisierte Betonelemente des Tiefbaus – insbesondere für Schachtringe – verstärkt wird.

Weniger eindeutig zu beantworten ist die Frage, ob die Errichtung zusätzlicher Produktionskapazitäten für S t a h l b e t o n - F e r t i g t e i l e des Großtafelbaus unter preis- und/oder beschäftigungspolitischen Aspekten Vorteile für Berlin verspricht und deshalb wirtschaftspolitisch forciert und unterstützt werden sollte. Zweifellos verliert die Berliner Wirtschaft durch den rapide gestiegenen Import derartiger Elemente seit einigen Jahren eine erhebliche Zahl von Arbeitsplätzen; zudem ist der preisdämpfende Effekt der Substitution offenbar gering. Zu bedenken ist darüber hinaus, daß zusammen mit dem eigentlichen Betonteil andere, komplementäre Produkte wie Kunststoffrohre, Leitungen und Fensterrahmen, teilweise auch Isolierglasfenster, Zargen und Türen – also Produkte anderer Zweige des verarbeitenden Gewerbes und Leistungen des Ausbaubereichs – von westdeutschen Betrieben bezogen werden. Diese wären auch in Berlin zu erzeugen und einzubauen; insofern beschränkt sich der Entzugseffekt nicht auf das Bauhauptgewerbe.

Andererseits ist jedoch ungewiß, ob der regionalspezifische Trend zur Großtafelbauweise anhält; vor dem Hintergrund der im westdeutschen Wohnungsbau zu beobachtenden Renaissance des konventionellen Baus – der Anteil der genehmigten Fertigteilgebäude an allen Baugenehmigungen hat nach einem Gipfelwert im Jahre 1980 kontinuierlich abgenommen (vgl. E. KNECHTEL 1984, Tabelle 2) – ist dies eher zu bezweifeln. Hinzu kommt, daß der Wohnungsneubau in Berlin zurückgehen wird – im Falle einer Realisierung der vorliegenden öffentlichen Förderungsprogramme innerhalb von vier Jahren auf die Hälfte des Niveaus von 1984 (vgl. H. DROEGE 1985, S. 26).

In dieser Situation scheint es vernünftiger, die Position der heimischen Bauwirtschaft gegenüber dem Fertigteilbau so zu verbessern, daß es aus wirtschaftlichen Gründen nicht mehr interessant ist, Fertigteile aus Westdeutschland zu importieren.

Von der Baustoffseite her könnte hier zum Beispiel die Einführung von W e r k - F r i s c h m ö r t e l auf dem regionalen Markt einen wesentlichen Beitrag leisten. Dieses Erzeugnis würde als Substitutionsprodukt für Vormörtel preisregulierend wirken, darüber hinaus aber wegen seiner teilweise erheblichen Qualitäts- und Rationalisierungseffekte (gleichbleibende Konsistenz, geringe Streuverluste, kostensparender Arbeitsablauf) die Produktivität in verschiedenen Baubereichen erhöhen: Berechnet auf der Basis der aktuellen Rohstoffpreise und bei Annahme eines branchenüblichen Stückgewinns kann Frischmörtel in Berlin zu einem Preis von 105 DM je cbm frei Arbeitsplatz geliefert werden. Dieser Preis liegt um etwa 20 vH unter den Kosten, die bei dem gegenwärtig in Berlin vorherrschenden Verfahren – Bezug von Werk-Vormörtel und Zumischung von Zement und Wasser durch eine spezielle Arbeitskraft auf der Baustelle – für die Bereitstellung eines verarbeitungsfähigen Mauermörtels entstehen.

Zwar ziehen die Rationalisierungsvorteile des Frischmörtels eine Freisetzung von Arbeitskräften auf den Baustellen nach sich, ohne daß gleichzeitig bei der stationären Herstellung von Frischmörtel in nennenswertem Umfang neue Arbeitsplätze geschaffen werden. Bei einer Einschätzung der substitutionsbedingten Beschäftigungseffekte ist jedoch auch zu berücksichtigen, daß die Konkurrenzfähigkeit des Mauerwerksbaus und damit der Berliner Baubetriebe durch die geringeren Baukosten tendenziell steigt und auf diese Weise zusätzliche, vermutlich sogar höherqualifizierte Arbeitskräfte in der bauausführenden Wirtschaft beschäftigt werden können.

Vor diesem Hintergrund kommt der Förderung entsprechender Investitionsvorhaben – möglichst in Kombination mit einer Produktionsanlage für Fertigbeton – sowie der Durchsetzung der neuen Technologie bei den Unternehmen des Rohbaus auch aus regionalwirtschaftlicher Sicht hohe Bedeutung zu. Um eine solche Entwicklung zu beschleunigen, wäre es sicherlich hilfreich, wenn über die bereits angesprochenen Förderungsmaßnahmen (Grundstücksbeschaffung, ERP-Kredite, Gründungszuschüsse) hinaus für die Anlaufphase Personalkostenzuschüsse für Innovationsberater – wie sie in den Berliner Strukturprogrammen für kleine und mittlere Industrieunternehmen vorgesehen sind – gewährt würden.

Im Gegensatz zu Frischmörtel erscheint die Produktion von Trockenmörtel in Berlin problematisch. Die Errichtung eines entsprechenden Werkes erfordert wegen der aufwendigen Trockenanlagen erhebliche Investitionen (und Investitionszulagen), wäre jedoch durch den Berliner Markt allein kaum auszulasten, ohne daß es erneut zu einer Ballung von Marktmacht käme.

5.3 Maßnahmen auf der Nachfrageseite

5.3.1 Schaffung institutioneller Voraussetzungen zur Ausschöpfung von Preisspielräumen

Wirtschaftspolitische Initiativen zur Förderung des Wettbewerbs auf den verschiedenen Angebotsebenen des Berliner Baustoffmarktes können nur dann eine dauerhafte Reduzierung des überhöhten regionalen Preisniveaus bewirken, wenn sich gleichzeitig das Nachfrageverhalten von Bauherrn und Bauunternehmen ändert.

Sofern die ö f f e n t l i c h e   H a n d selbst als B a u h e r r auftritt, muß nicht nur wegen haushaltsrechtlicher Verpflichtungen, sondern auch im Interesse eines funktionierenden Marktes gewährleistet sein, daß alle Auftraggeber herstellerneutrale, öffentliche Ausschreibungen mit der Möglichkeit von Nebenangeboten und Änderungsvorschlägen durchführen. Insbesondere darf die Zahl der Anbieter in der Regel nicht schon dadurch eingeschränkt werden, daß die Vergabestellen in den Leistungsbeschreibungen Herkunftsort oder Bezugsquellen der Baustoffe vorgeben. Dabei sollten auch die Mehrheitsbeteiligungen Berlins sowie von diesen oder von Eigenbetrieben und (anderen) Zuwendungsempfängern beauftragte Generalunternehmer bzw. Generalübernehmer in Bezug auf Unteraufträge an die Vergaberichtlinien gebunden werden – eine Forderung, die bereits im 14-PUNKTE-PROGRAMM DES BERLINER SENATS VON 1977 erhoben, nach den vorliegenden Informationen jedoch nur teilweise erfüllt wurde.

Generell könnte die Einrichtung einer mit Weisungsrecht ausgestatteten VOB-Beschwerdestelle – wie sie beispielsweise in Hessen existiert – dazu beitragen, daß die Ausschreibungen normgerecht durchgeführt werden. Interessant ist auch der Vorschlag von P. ERKELENZ (1985, S. 422), "in allen mit öffentlichen Aufträgen, insbesondere mit Bauplanung und Bauausführung befaßten Behörden organisatorisch und personell unabhängige, sozusagen rechnungshofähnliche Innenrevisionen zu schaffen, die stichprobenartig die Planungsprozesse, die vielerlei Gewohnheiten bei Ausschreibung und Vergabe von Bau- und anderen Leistungen und die rechtliche und wirtschaftliche Abwicklung dieser öffentlichen Aufträge, nicht zuletzt auf die strikte Einhaltung der VOB, zu überprüfen."

Davon abgesehen wäre es sicherlich wettbewerbsfördernd, wenn die öffentlichen Auftraggeber auf besondere Qualitäten und unübliche Abmessungen der Baustoffe soweit wie möglich verzichten würden, und dadurch auch auf dem kleinen Regionalmarkt mehrere Anbieter zum Zuge kommen könnten. Zu erwägen ist schließlich eine Bündelung des Einkaufs bei bestimmten Baustoffen, zum Beispiel bei Betonwaren für den Tiefbau. So könnte das Land Berlin – ähnlich wie von der Freien und Hansestadt Hamburg seit Jahren praktiziert – die von sämtlichen Bezirken für einen bestimmten Zeitraum, in der Regel für ein Jahr, benötigten Produkte zentral ausschreiben und direkt bei den Herstellern ordern. Die zuständigen Berliner Stellen stehen einem derartigen Verfahren wohl vor allem deshalb skeptisch gegenüber, weil sie im Fall von Haftungsfragen permanente Auseinandersetzungen zwischen Auftraggeber, Baustoffproduzenten und ausführenden Bauunternehmen befürchten. Schwerer wiegen dagegen wettbewerbspolitische – vom Bundeskartellamt in vergleichbarem Zusammenhang geäußerte – Bedenken gegen eine zu große Konzentration der Nachfrage bei einem öffentlichen Auftraggeber. Möglichkeiten und Grenzen einer stärker an (gesamt)wirtschaftlichen Kriterien orientierten Auftragsvergabe sollten durch ein ressortübergreifendes Expertenteam detaillierter herausgearbeitet werden.

Ansatzpunkte für eine Reduzierung der Preise für Bauleistungen – und damit indirekt für eine Verringerung der Preise für Baustoffe – gibt es auch im Bereich des öffentlich geförderten Wohnungsbaus. Die von der landeseigenen Wohnungsbaukreditanstalt (WBK) praktizierte Regelung, einerseits die Richtwerte für die Kostenmiete, die – zusammen mit der ebenfalls administrativ fixierten Anfangsmiete (Bewilligungsmiete) – maßgeblich für die Höhe der Förderungssätze ist, auf der Basis von Kostenschätzungen der Bauherren festzulegen und andererseits auf eine durchgängige Überprüfung der Kostenvoranschläge zu verzichten, hemmt den "Kostenwettbewerb" der potentiellen Bauherrn und ermöglicht ihnen die Bezahlung überhöhter Preise. Eine konsequente Orientierung der Subventionen an den überprüften Schlußabrechnungen für jedes einzelne finanziell unterstützte Bauvorhaben würde – und dies in völliger Übereinstimmung mit Zielen und System der geltenden Wohnungsbauförderung – tendenziell zu einer geringeren Kostenmiete führen und vermutlich auch in den vorgelagerten produzierenden Bereichen preisdämpfend wirken. Ein erster Schritt in diese Richtung ist die angestrebte Differenzierung der Subventionshöhe nach konventionellen Bauten und Fertigteilbauten. Diese sollen künftig aufgrund der niedrigeren Baukosten auch geringere Förderungssätze erhalten – eine Maßnahme, die nicht nur zu einer (zumindest relativen) Einsparung von öffentlichen Mitteln führt, sondern auch dem zunehmenden "Export" von Arbeitsplätzen aus der Stadt entgegenwirkt.

Auf der Ebene der B a u u n t e r n e h m e n verlangt die Ausnutzung der vorhandenen Preisspielräume bei Herstellern und Händlern von Baustoffen eine offensivere Marktstrategie. Voraussetzung dafür ist allerdings eine gewisse Bündelung der weithin atomistisch strukturierten Nachfrage. Dies kann zum Beispiel dadurch erreicht werden, daß jeweils mehrere kleine und mittlere Bauunternehmen – vor allem solche mit geringem Organisationsgrad – ihren Einkauf gemeinsam abwickeln. Derartige K o o p e r a t i o n e n[43] mildern die – auf verschiedenen Teilmärkten extrem ausgeprägten – Unterschiede in den Machtverhältnissen der beiden Marktseiten und verbessern die Position der Nachfrager auf zweifache Weise:

- Einmal können in stärkerem Maße (offene) Mengenrabatte genutzt und eher Jahresverträge mit günstigeren Konditionen abgeschlossen werden,

- zum anderen wächst mit zunehmender Konzentration der Nachfrage, also mit dem Umfang möglicher Aufträge, die Bereitschaft einzelner (oligopolistischer) Anbieter, den eingespielten Preis durch außergewöhnliche (geheime) Preisnachlässe zu unterbieten.

Von den Preiseffekten einmal abgesehen, impliziert eine Konzentration der Einkaufsfunktion tendenziell Rationalisierungsvorteile für die beteiligten Bauunternehmen und stärkt auch von daher deren Konkurrenzfähigkeit. Widerstände der Bauunternehmen, die darin begründet sind, daß sie durch die Ausgliederung des Einkaufs – vermeintliche – Vorteile gegenüber ihren Wettbewerbern verlieren, könnten dadurch zurückgedrängt werden, daß die öffentliche Hand den Zusammenschluß einzelner Firmen zu Einkaufsgemeinschaften zumindest während der Anlaufphase im Rahmen ihrer Mittelstandsförderung unterstützt (vgl. P. ERKELENZ 1978, S. 29 ff).

5.3.2   Forcierte Verwendung von Sekundärbaustoffen

Im Rahmen der Diskussion über eine ressourcensparende und umweltschonende Rohstoffpolitik spielt die Gewinnung und Verwertung von Sekundärbaustoffen – insbesondere zur Substitution von Kiessanden und gebrochenen Natursteinen im Straßen- und Wegebau – eine herausragende Rolle. Der Einsatz derartiger Materialien ist in Berlin insofern besonders wichtig, als sowohl die Preise für die eingeführten Primärbaustoffe als auch die Kosten für die Verbringung und Deponierung von Bauschutt bzw. Baurestmassen in der DDR überdurchschnittlich hoch sind.

Zwar ist die Herstellung von Sekundärbaustoffen kostenaufwendig, bei den hohen bautechnischen Anforderungen sogar verschiedentlich kaum billiger als die Einfuhr von Primärmaterial. Dies gilt nicht nur für Straßenbaustoffe, sondern auch für die diskutierte Verwendung von Rauchgasgips (REA-Gips) als Substitutionsprodukt für Naturgips bei der Herstellung von Innenausbaustoffen in der Stadt (vgl. dazu F. WITTKE 1982). In gesamt- bzw. regionalwirtschaftlicher Sicht sind entsprechende Substitutionen jedoch bereits dann sinnvoll, wenn die Kosten für Aufbereitung und Transport der Sekundärbaustoffe geringer sind als die Summe der Kosten für Verbringung und Deponierung der Altstoffe sowie für Herstellung und Transport der zu ersetzenden Primärbaustoffe.

Mit der Möglichkeit, die Gebühren für die Anlieferung von Bauschutt bzw. Baurestmassen zur Deponierung in der DDR festsetzen zu können, verfügt das Land Berlin über ein wichtiges Instrument zur Steuerung der Altstoffverwertung, das bislang nicht gezielt eingesetzt wurde. So ließen sich die betrieblichen Kosten im Bereich der heimischen Recycling-Wirtschaft senken, wenn die extrem niedrigen Kippgebühren deutlich erhöht würden (vgl. dazu auch SENAT VON BERLIN 1984, S. 4).[44] In diesem Falle könnten die Verarbeiter von Bauschutt – wie in westdeutschen Städten üblich – eine gewisse Abnahmegebühr erheben, ohne daß eine Rücklenkung der Altstoffströme von der Recycling-Anlage zur Deponie bzw. Verladestelle befürchtet werden muß. Je nach Höhe der Gebühr wäre sogar eine Ausweitung des Materialangebots an die Sekundärbaustoffwirtschaft zu erwarten, wobei auch schlechter sortierte, heterogene Gemenge, die in Anbetracht der überalterten Bausubstanz in der Stadt künftig in stärkerem Umfang als bisher anfallen dürften, wirtschaftlich zu verarbeiten wären.

Eine spürbare Expansion der Sekundärbaustoff-Produktion in Berlin setzt allerdings eine veränderte Einstellung der Nachfrager zu diesen Produkten voraus, bei wichtigen Abnehmern haben Baumaterialien aus Altstoffen noch immer ein negatives Image (vgl. B. G. DITTERT und R. HAAG 1986, S. 12). Hier kommt der öffentlichen Hand eine Schlüsselfunktion zu. "Sie kann - aufgrund ihrer bestehenden Aufgaben - die Verwertung fördern, weil z.B. Naturrohstoffe, Deponieflächen, ggf. Energie eingespart werden können, oder behindern, weil z.B. die Sicherheit im Anwendungsbereich nicht ausreichend scheint bzw. nicht abschätzbar ist oder Schädigungen der Umwelt zu befürchten sind." (H.J. PIETRZENIUK 1984, S. 889). Gegenwärtig dürfte vor allem der Sicherheitsaspekt einen verstärkten Einsatz von Sekundärbaustoffen verhindern, denn "die Verwendungsmöglichkeiten von Sekundärbaustoffen im Baubereich wurden bisher durch erhöhte technische Anforderungen (technische Vorschriften und Normen) ständig weiter eingeschränkt" (SENAT VON BERLIN 1984, S. 14). Hinzu kommen Vorbehalte auch gegenüber solchen Materialien, die den geltenden Vorschriften genügen. So ist es in Berlin offenbar nach wie vor schwierig, Sekundärbaustoffe für den Straßenbau bei den öffentlichen Auftraggebern - den bezirklichen Tiefbauämtern - durchzusetzen, und dies, obwohl entsprechende Produkte verschiedener Unternehmen von unabhängigen Instituten auf Tragfähigkeit, Frostsicherheit und Wasserdurchlässigkeit geprüft und als Tragschichtmaterial für Straßen der Kategorie III bis V empfohlen wurden.

In dieser Situation müssen technische Vorschriften, Normen und Prüfverfahren im Hinblick auf die Verwendung von Altstoffen überarbeitet werden. Dabei dürfen die Anforderungen nicht allein an den Qualitätskriterien für konventionelle Baustoffe orientiert sein. Vielmehr sollten neue Bauweisen, Dimensionierungen und Anforderungen für verschiedenste Recycling-Baustoffe systematisch gesucht und genutzt werden (vgl. H.H. LOEWENSTEIN 1984, S. 1007). Zu erwägen wäre beispielsweise die Ausschreibung von Wettbewerben zur Entwicklung derartiger Produkte und entsprechender Produktionsverfahren. Erforderlich ist auf der anderen Seite eine laufende Güteüberwachung der verschiedenen Produkte. Sie ist - wie im übrigen auch bei den klassischen Baustoffen - eine unbedingte Voraussetzung für die langfristige Absatzsicherung von Recycling-Produkten. Zugleich müssen die Ausschreibungs- und Vergaberichtlinien recyclingfreundlicher gestaltet werden. Hilfreich könnte in diesem Zusammenhang ein Verfahren sein, nach dem die öffentlichen Auftraggeber verpflichtet werden, bei Ausschreibungen - nicht nur im Straßenbau - neben dem

Angebot für die geforderte Bau- und Verfahrensweise Alternativvorschläge unter Verwendung von Sekundärbaustoffen zu verlangen.

Ein stärkerer Einsatz von Sekundärtragschichten im öffentlichen Straßenbau, der sich wegen der strengen technischen Vorschriften auf hochwertige Baustoffgemische konzentrieren dürfte, würde in den bisherigen Verwendungsbereichen dieser Stoffe – vor allem in Unterbauten mit geringen Druckbelastungen – neue Märkte für Sekundärmaterialien mit geringerem Anteil von Beton und Asphalt und möglicherweise höherem Anteil gebrannter und gesinterter Altbaustoffe schaffen. Eine solche Verlagerung der Verwendungsstruktur dürfte auch deshalb sinnvoll sein, weil das Angebot an hochwertigem Straßenbaubeton und Altasphalt in Berlin knapp ist und damit der besten Verwendung zugeführt werden sollte. Gemische mit geringerem Anteil an Betonbruch und entsprechend höherem Anteil an Ziegeln oder anderen verwertbaren Stoffen aus der Baurestmasse im Hochbau könnten dann nachrücken.

Führt die Substitution von Primärrohstoffen durch Recycling-Produkte bei den Berliner Abnehmern, insbesondere bei den öffentlichen Bauherren, zu einer deutlichen Verringerung der Ausgaben, so verringern sich die Einnahmen der DDR – zumindest kurzfristig – auf zweifache Weise: Einmal geht der Absatz an Schotter, Splitt, Kies, Sand und Zement zurück, zum anderen schrumpft die von Berlin ins Umland verbrachte Bauschuttmenge. Eine derartige Entwicklung könnte die Lieferanten aus der DDR allerdings veranlassen, die Preise für die substituierten Produkte anzupassen. Insofern hat ein forcierter Einsatz von Sekundärbaustoffen über den produktspezifischen Preiseffekt hinaus ceteris paribus ähnlich weitreichende Wirkungen auf das gesamte Baustoff-Preisniveau in Berlin wie eine Verringerung der Frachten für den Transport von Basisbaustoffen aus dem Bundesgebiet.

6 Zusammenfassung

1. Bauen ist in Berlin erheblich teurer als in den Ballungsräumen des Bundesgebiets. Als wesentliche Ursache hierfür werden überdurchschnittliche Preise
   für Massenbaustoffe angenommen.

   Vor diesem Hintergrund wird in der vorliegenden Arbeit untersucht,

   - ob die effektiv gezahlten Preise für Massenbaustoffe in Berlin sich tat-
     sächlich von denen in westdeutschen Großstädten unterscheiden,

   - worauf eventuell vorhandene regionale Preisdifferenzen zurückzuführen
     sind,

   - wie sich höhere Baustoffkosten auf die Preise für Bauleistungen, auf die
     Belastung der Bauherren sowie auf Konkurrenzfähigkeit und Beschäfti-
     gung der Berliner Baubetriebe auswirken,

   - welche wirtschafts- und unternehmenspolitischen Maßnahmen ergriffen
     werden können, um das Preisniveau für Baustoffe zu senken.

2. Die vergleichende Analyse regionaler Baustoffmärkte kann sich kaum auf
   amtliche Daten stützen. Soweit überhaupt Zahlen über Produktion, Preise,
   Materialverbrauch und Unternehmensstrukturen vorliegen, sind sie meist nur
   eingeschränkt verwendbar. Erforderlich waren daher umfangreiche eigene
   Erhebungen bei Bauunternehmen, Baustoffherstellern und -händlern, bei Bau-
   behörden, Architekten und Verbänden in Berlin und in sieben westdeutschen
   Vergleichsgebieten. Mit Hilfe eines mehrstufigen Validierungsverfahrens
   wurden Informationen gewonnen, die zuverlässig genug erscheinen, um einzelne Hypothesen überprüfen und verschiedene, als wichtig angesehene Produktmärkte näher beleuchten zu können; für eine umfassende Darstellung der
   vielschichtigen Zusammenhänge reichen sie indes nicht aus.

3. Ein wesentlicher empirischer Befund der Arbeit ist, daß die Preise für Massenbaustoffe in Berlin fast durchweg höher sind als in den westdeutschen
   Ballungsgebieten. Die Preisdifferenzen sind allerdings bei den einzelnen Produkten außerordentlich unterschiedlich und schwanken überdies von Region
   zu Region.

Besonders teuer sind in Berlin Kies, Transportbeton und Werkmörtel sowie wichtige Straßenbaustoffe; die Preise liegen hier zwischen 50 vH und 100 vH über den Vergleichswerten in den westdeutschen Städten. Mäßig, wenngleich noch immer deutlich, höher als in den Vergleichsstädten sind die Berliner Preise für Stabstahl, Zement und Mauersteine. Keine größeren regionalen Preisunterschiede bestehen bei Profilstahl, Glas und Holz.

Bemerkenswert ist, daß auch die Preise für die aus der DDR – und zwar zum großen Teil aus der weiteren Umgebung Berlins – bezogenen Güter (Kies, Zement, Betonwaren) vergleichsweise hoch sind. Diese Güter werden in der Regel lediglich um 10 vH bis 15 vH unter dem Preis für entsprechende westdeutsche Produkte angeboten – und dies, obwohl die Berliner Großhändler einen Umsatzsteuerkürzungsanspruch in Höhe von 11 vH des Bezugswertes haben. Der Standortvorteil der DDR-Lieferanten wirkt sich also letztlich nur sehr begrenzt aus.

4. Die Ursachenanalyse hat ergeben, daß die ungewöhnlich hohen Preise für Massenbaustoffe in Berlin zu einem erheblichen Teil auf überdurchschnittliche Kosten für Transport und Lagerhaltung zurückzuführen sind. Diese standortbedingten Zusatzkosten sind vor allem in den großen Entfernungen zu den westdeutschen Bezugsmärkten begründet. Hinzu kommt jedoch, daß auch die Frachttarife für Lkw und Binnenschiff im Berlin-Verkehr höher sind als innerhalb des westdeutschen Wirtschaftsgebietes.

Andererseits ist durch die Untersuchung auch deutlich geworden, daß die Kosten für Verarbeitung der Ausgangsstoffe und Vertrieb der veredelten Produkte in Berlin eher geringer sind als in anderen Ballungsgebieten.

Insgesamt können die hohen Baustoffpreise in Berlin von der Kostenseite her allein nicht erklärt werden. Dies legt die Schlußfolgerung nahe, daß hier zumindest bei einem Teil der Baustoffe vergleichsweise hohe Erträge erzielt werden.

Daß die Unternehmen ihre Preisvorstellungen in Berlin offenbar eher durchsetzen können als anderswo, hängt zweifellos mit der relativ günstigen Entwicklung der Bautätigkeit in der Stadt zusammen. Als entscheidende Erklärungsfaktoren haben sich jedoch marktstrukturelle Besonderheiten herausgestellt:

- Die Nachfrage ist durch ein dichtes Geflecht von Subventionen beeinflußt, mittelfristig im Rahmen politischer Planungen weitgehend fixiert und preisunelastisch.

- Der von den Bauherren ausgehende Kostendruck ist insgesamt geringer, die Einkaufspolitik der Bauunternehmen häufig weniger gezielt und die Ausschreibungspraxis öffentlicher Auftraggeber teilweise wettbewerbsfeindlicher als in anderen Großstädten.

- Die Anbieter der wichtigsten Baustoffe haben sowohl auf der Stufe des Einfuhrhandels als auch auf der Erzeugerstufe starke Marktstellungen. Diese Erscheinung ist nicht zuletzt auf die Praxis der DDR zurückzuführen, Lieferverträge für die einzelnen Produkte lediglich mit einem, höchstens mit zwei Abnehmern abzuschließen. Diese Firmen betreiben neben dem Handelsgeschäft meist eigene Fertigungsstätten, in denen die bezogenen Baustoffe weiterverarbeitet (Kies und Zement) oder ähnliche Produkte (Kalksandstein, Betonstein) hergestellt werden. Auf wichtigen Teilmärkten wird die marktliche Steuerung des Preisbildungsprozesses offenbar zudem durch Absprachen eingeschränkt.

- Der Wettbewerb ist nicht nur in bezug auf ein bestimmtes Produkt, sondern auch zwischen verschiedenen, alternativ verwendbaren Baustoffen ungewöhnlich gering.

Insgesamt haben Nachfragerverhalten, Unternehmenskonzentration und Marktzutrittsschranken einen vergleichsweise geringen Preiswettbewerb zur Folge und führen auch in Perioden sinkender Kapazitätsauslastung zu tendenziell steigenden Preisen – eine Erscheinung, die bei ausgereiften Produkten mit stagnierenden bzw. schrumpfenden Märkten durchaus atypisch ist.

5. Bei der geringen effektiven und potentiellen Konkurrenz sind die heimischen Unternehmen einem schwachen Anpassungsdruck in Bezug auf den Technischen Fortschritt ausgesetzt. Die Innovationsdynamik ist in Berlin ganz

offensichtlich unterdurchschnittlich. Dies führt dazu, daß kostensparende, in der Regel mit einer Auslagerung betrieblicher Leistungen verbundene, neue Baustoffe hier zögernder eingeführt werden als im übrigen Bundesgebiet (Gasbeton) oder überhaupt nicht angeboten werden (Frischmörtel).

6. Insgesamt kosten die vom Berliner Bauhauptgewerbe bezogenen Baustoffe (berechnet auf Basis 1983) hier 23 vH mehr als in Hamburg und 26 vH mehr als in Hannover. Die berlinspezifischen, zusätzlichen Aufwendungen des Bauhauptgewerbes für Massenbaustoffe betrugen 1983 gegenüber Hamburg 120 Mill. DM und gegenüber Hannover 130 Mill. DM. Dies bedeutet eine Erhöhung der Rohbaukosten um rund 8 vH; die gesamten Baukosten steigen um gut 4 vH. Damit stellen die Baustoffpreise einen wesentlichen, wenn auch nicht den entscheidenden Erklärungsfaktor für die hohen Baupreise in Berlin dar.

7. Offensichtlich im Zusammenhang mit den hohen Preisen für die Ausgangsstoffe hat der Anteil in Berlin hergestellter Produkte am gesamten Baustoffbedarf während der vergangenen Jahre abgenommen; auch veredelte Baustoffe werden verstärkt aus dem Bundesgebiet, aus der DDR und aus dem Ausland bezogen. Dadurch gehen Arbeitsplätze verloren; es kommt in erheblichem Maße zum Abfluß von Einkommen aus dem regionalen Kreislauf.

Besonders ausgeprägt ist der "Export von Arbeitsplätzen" bei Stahlbeton-Fertigteilen: Sie werden zu 90 vH in westdeutschen Werken produziert und in Berlin - meist durch auswärtige Fachkräfte - nur noch montiert. Innerhalb von vier Jahren hat sich der Import von Fertigteilen vervierfacht: 1985 wurden rund 20 vH der Wohnungen und zwei Drittel der Nichtwohngebäude aus vorgefertigten Elementen zusammengesetzt.

8. Wirtschaftspolitische Initiativen zur "Normalisierung" der Berliner Baustoffpreise müssen vor allem im Verkehrsbereich ansetzen: Nur über Sondertarife, die in Westdeutschland durchaus üblich sind, kann der Markt für zusätzliche Anbieter von klassischen Baustoffen geöffnet und damit der heimische Handel bzw. die DDR zur Weitergabe standortbedingter Kostenvorteile veranlaßt werden. Niedrigere Preise für die Ausgangsstoffe aber sind erforderlich, um

Erfolge bei der Ansiedlung weiterverarbeitender Betriebe erzielen und die starke Angebotskonzentration auf dieser Ebene reduzieren zu können. Neben den kurzfristig realisierbaren tariflichen Maßnahmen sollte auf mittlere Frist eine Verbesserung der institutionell-organisatorischen und der infrastrukturellen Bedingungen für die Binnenschiffahrt durch die DDR angestrebt werden.

Unterstützt werden sollten die Bemühungen um eine Verbesserung der Marktzutrittsbedingungen durch Bereitstellung günstig gelegener Umschlags- und Lagerplätze sowie Kredithilfen an westdeutsche Lieferanten.

Die Ausschöpfung der vorhandenen Preisspielräume verlangt allerdings auch ein preisbewußteres und flexibleres Verhalten von Bauherren und Bauunternehmen am Markt. Dies bedeutet einmal eine wettbewerbsfreundlichere Vergabepraxis der öffentlichen Auftraggeber. Wichtig ist aber auch die verstärkte Verwendung von Sekundärbaustoffen bei öffentlichen Bauvorhaben. Erfolgsträchtig erscheint schließlich die Bildung und öffentliche Förderung von Einkaufsgemeinschaften durch mittelständische Baufirmen.

Anmerkungen

1) Mit der Frachthilfe, die aus einer Abgabe der deutschen Stahlwerke von 0,50 DM je Tonne produzierten Stahl finanziert und nur auf inländisches (ungebogenes) Material gewährt wird, werden ausländische Anbieter vom Berliner Markt ferngehalten. Vorteile, die westdeutsche Stahlverbraucher zeitweise durch den Bezug billiger Stähle aus Italien, Dänemark und den Benelux-Ländern erzielen, werden durch den Zuschuß allerdings nicht wettgemacht.

2) Insofern haben die Ölpreissteigerungen der siebziger Jahre die Branche besonders hart getroffen und zu einer forcierten Substitution von Öl durch feste Brennstoffe, verbunden mit erheblichen Umrüstungsinvestitionen, geführt (vgl. T. RIEDL 1984, S. 60).

3) Die Konzentration wird dabei vor allem anhand der Konzentrationskoeffizienten, das heißt der Anteile der 3, 6, 10, 25 und 50 größten Anbieter an der zum Absatz bestimmten Produktion gemessen (vgl. MONOPOLKOMMISSION 1984, S. 29 ff).

4) Nach Angaben des VERBANDES WESTDEUTSCHER BAUSTOFFHÄNDLER sind gegenwärtig bereits knapp die Hälfte aller Kunden private Endverbraucher. Die wachsende Bedeutung dieser Käufergruppe hat maßgeblich dazu beigetragen, daß sich der Baustoffhandel in jüngster Zeit erheblich besser entwickelt hat als die Bauwirtschaft.

5) Die in den amtlichen Statistiken ausgewiesenen Warenwerte sind nicht in jedem Falle vergleichbar; die Regionalstruktur der Bezüge ist daher nur bedingt aussagekräftig. So enthalten die Wertangaben für Bezüge aus der DDR zum Teil keine Transportkosten; dies gilt beispielsweise für Sand und Zement – Produkte, die von West-Berliner Spediteuren bzw. Händlern transportiert werden. Bezüge aus Polen werden zum Wert ab Grenze verbucht. Auf der anderen Seite zeigen Stichproben aus der Warenbegleitscheinstatistik, die alle Bezüge aus dem Gebiet der Bundesrepublik erfaßt, daß dort teilweise unrealistische, häufig zu hohe Werte angegeben sind. Tendenziell ist der Anteil der Bezüge aus der DDR und dem östlichen Ausland wertmäßig zu niedrig, derjenige der Bezüge aus Westdeutschland zu hoch ausgewiesen.

6) Noch ausgeprägter ist die Diskrepanz zwischen Wertanteil (3 vH) und Mengenanteil (55 vH) der Baustoffe an allen aus der DDR bezogenen Waren.

7) Diese Entwicklung dürfte mit dafür verantwortlich sein, daß der Anteil der Großhändler, die einen Bedeutungsverlust der eigenen Branche konstatieren, im Baustoffbereich trotz des sehr hohen Einschaltungsgrades vergleichsweise groß ist (vgl. FORSCHUNGSSTELLE FÜR DEN HANDEL 1980, S. 110).

8) Der Handel mit der DDR ist zum größten Teil liberalisiert. Genehmigungspflichtig sind Bezüge lediglich dann, wenn wegen niedriger Preise eine Gefährdung der inländischen Industrie zu befürchten ist; dies gilt vor allem für Zement und Betonpflastersteine.

9) Streng genommen gilt diese Begründung nur in Bezug auf die innerhalb der DDR geltenden und dort nach völlig anderen Gesichtspunkten gebildeten Preise.

10) So sind die Erzeugerpreise für Sand (0/2) im oberrheinischen Abbaugebiet wegen der ausgewogenen Körnungsverhältnisse der Vorkommen kaum niedriger als die für Kies (2/32), bei den schleswig-holsteinischen Gruben erreicht der Preis für Sand dagegen aufgrund eines Anteils von rund 75 vH an der Förderung lediglich ein Drittel des Preises für Kies.

11) Bei der Ermittlung des Indifferenzpreises ist allerdings zu berücksichtigen, daß Splittbeton bei gleichem Preis für die Zuschlagstoffe Kies und Splitt in vielen Verwendungsarten billiger ist als Kiesbeton. Zwar erfordert Splittbeton mehr Zement; entsprechende Zusatzkosten werden jedoch durch höhere Biegefestigkeiten mit der Möglichkeit einer entsprechend geringeren Dimensionierung der Bauteile meist überkompensiert (vgl. A. GERLACH 1973, S. 4).

12) Ähnlich ist die Situation bei Benzin, dessen Preis in Berlin zumindest bis vor kurzem deutlich höher war als in westdeutschen Ballungsgebieten – und dies, obwohl der überwiegende Teil des regionalen Bedarfs aus der nahegelegenen DDR-Raffinerie Schwedt gedeckt wird, überdurchschnittliche Transportkosten (die häufig von den Mineralölgesellschaften angeführt werden) also nicht entstehen dürften (vgl. DER TAGESSPIEGEL vom 4.5.1984).

13) Preissteigernde Wirkungen – wenngleich sicherlich in geringerem Maße als in Berlin – hat Niedrigwasser auch in anderen Gebieten. So müssen Stuttgart, mehr noch Frankfurt und das Ruhrgebiet, die über Rhein, Neckar und Main versorgt werden, vorübergehende niedrigwasserbedingte Lieferengpässe durch Bevorratung oder durch Wechsel der Verkehrsträger überbrücken (vgl. WIRTSCHAFTS-VERBAND STEINE UND ERDEN 1976, S. 22).

14) Eine Ausnahme stellt der Bezug von Spezialrieseln aus dem Münchener Raum dar. Kleinere Mengen dieses Produkts werden per Eisenbahn direkt von der Kiesgrube nach Berlin transportiert; die Frachtrate lag 1980 bei 44 DM je Tonne und war damit zehnmal so hoch wie der Abgabepreis des Werkes (vgl. BAYE-RISCHER LANDTAG 1980, S. 39). Auch der von der Berliner Stadtreinigung in jüngster Zeit aus rheinischen Abbaustätten bezogene Quarzkies-Splitt wird nach Tarif befördert. Informationen des Unternehmens zufolge stehen einem Erzeugerpreis von 35 DM/t Transportkosten von 51 DM/t beim Schiff und von 62 DM/t beim Lkw gegenüber; auch bei besonders hochwertigen und teuren Materialien können also – und das ist sogar die Regel – die Kosten der Verbringung vom westdeutschen Abgrabungsort zum Berliner Verwender erheblich höher sein als der Preis des Produkts.

15) Sande aus dem südöstlichen Schleswig-Holstein enthalten allerdings teilweise alkalireaktive Beimengungen und sind daher als Betonzuschlag nicht in jedem Falle verwendbar (vgl. P. EGGERT et al. 1985, S. 2 – 10).

16) Dies dürfte einer der Gründe für die jüngste Stillegung der beiden unterelbischen Werke Hermoor und Itzehoe sein.

17) Eine ähnliche Auffassung vertritt offenbar das Bundeskartellamt, das nach Angaben des BUNDESVERBANDES TRANSPORTBETON (1983, S. 18) weder Baustellenbeton noch Betonfertigteile und Wand- und Deckenbaustoffe dem sachlich relevanten Markt für Transportbeton zurechnet.

18) Informationen zweier niedersächsischer Transportbetonwerke zufolge beträgt der Anteil der Einsatzstoffe am Umsatz ab Mischer gerechnet sogar knapp 80 vH. Auf Betrieb und Abschreibungen des Mischers entfallen gut 15 vH und auf Personalkosten 5 vH.

19) Wohl auch als Folge dieser Präferenzierungspraxis ist der Anteil des fahrzeuggemischten Transportbetons in Berlin deutlich höher als im Bundesgebiet, wo diese Verarbeitungsweise heute nur noch 2 vH der gesamten Produktion ausmacht.

20) Zum Vergleich: In Hamburg werden innerhalb des Stadtgebiets schätzungsweise 600 000 cbm, innerhalb des gesamten Ballungsraums 1 Mill. cbm Transportbeton jährlich verbaut.

21) Ein in Berlin arbeitendes Hamburger Bauunternehmen hat ausgerechnet, daß es bei den 1983 geltenden regionalen Preisdifferenzen und bei einem Verbrauch von 2 000 cbm Transportbeton B 25 sogar lohnend wäre, das Material aus Hamburg heranzuschaffen – eine Überlegung, die allerdings wegen technischer Schwierigkeiten lediglich theoretische Bedeutung hat.

22) Weitaus größer noch sind die Vorteile, die einzelne größere Bauunternehmen erzielt haben, indem sie selbst Transportbeton produziert und mit eigenen Fahrmischern auf ihre verschiedenen Baustellen geliefert haben.

23) Dabei ist allerdings nicht berücksichtigt, daß der Berliner Hersteller 20 vH seines Bedarfs (1982 nach offiziellen Angaben 35 000 t) aus einer Berliner Grube deckt – und das vermutlich zu günstigeren Bedingungen.

24) Nach der amtlichen Statistik ist die Einfuhr von ungelöschtem polnischem Luftkalk allein von 1983 auf 1984 um 250 vH gestiegen; der durchschnittliche Einfuhrwert betrug 1983 bei Grenzübergang 75 DM/t. In Berlin wird bislang kein polnischer Kalk verwendet.

25) Bei den wenigen Importen handelt es sich vor allem um einfache Vollsteine, Klinker und keramische Fliesen.

26) Mit dem Rückgang der Wohnungsbautätigkeit und der gleichzeitigen Verschiebung in der Bauwerksstruktur – von großen Projekten mit vielen gleichartigen Einheiten in den großflächigen peripheren Baugebieten zu vielgestaltigen Einzelobjekten innerhalb bereits bebauter Stadtteile – hat die Bedeutung des Fertigteilbaus in Berlin während der siebziger Jahre rapide abgenommen und zu Beginn dieses Jahrzehnts mit einem jährlichen Volumen von rund 400 Mill. DM bzw. einem Anteil an allen Hochbaugenehmigungen von 16 vH ein absolutes wie relatives Minimum erreicht. Im Zuge dieser Entwicklung sind die Kapazitäten der Fertigteil-Industrie in Berlin drastisch eingeschränkt worden. Während Mitte der siebziger Jahre noch 12 Betriebe mit mehr als 1 000 Beschäftigten großformatige Stahlbeton-Elemente in der Stadt produzierten, waren es zu Beginn dieses Jahrzehnts lediglich 3 Betriebe mit etwa 200 Beschäftigten.

27) Daß es grundsätzlich möglich ist, in Berlin konkurrenzfähig Stahlbeton-Elemente für den Hochbau herzustellen, zeigt auch die Entwicklung des einzigen größeren Fertigteilwerks in der Stadt. Dieses Unternehmen, das neben kleineren Betonteilen vor allem Großtafeln und konstruktive Teile produziert und diese über eine eigene Baufirma montiert, hat in jüngster Zeit einige größere Projekte gebaut und ist nach eigenen Angaben so ausgelastet, daß nicht alle möglichen Aufträge ausgeführt werden können.

28) Ähnliches gilt für den Stahlbau. Vor allem Hallenbauten und Brücken sind nach Informationen von Marktteilnehmern in den letzten Jahren verstärkt von westdeutschen Anbietern mit "abgeschriebenen" Produktionsstätten erstellt worden. Über dieses intrasektorale Problem hinaus sind die Berliner Stahlbauunternehmen aber auch der Substitutionskonkurrenz durch die auswärtigen Fertigteil-Hersteller ausgesetzt.

29) Daneben wird der Produktion von bituminösem Tragschicht-Mischgut seit 1983 bis zu 20 vH Altasphalt zugegeben.

30) Unter der Voraussetzung, daß das Land Berlin als weitaus größter Abnehmer von Sekundärtragschichten die gesamte Produktion von 600 000 t jährlich kauft, ergibt sich insgesamt folgende Entlastung des Landeshaushalts:

	DM
Verringerung der Verbringungs- und Deponierungskosten	14 Mill.
Verringerung der Kippgebühren (bei Anlieferung durch Land)	1 Mill.
Entgelte durch Recycling-Firmen	1 Mill.
Verringerung der Ausgaben für die benötigten Baustoffe	7 Mill.
Insgesamt	23 Mill.

31) Von der Berliner Bauwirtschaft, aber auch von westdeutschen Bauunternehmen, die in Berlin tätig sind, wird darauf verwiesen, daß die behördliche Überwachung der Baunormen, insbesondere der feuerpolizeilichen Sicherheitsvorschriften, in Berlin wesentlich strenger gehandhabt wird als in anderen Städten. Um nachträglichen Auflagen vorzubeugen, sollen teilweise von vornherein gewisse Sicherungen eingebaut werden - zum Beispiel durch stärkere Bewehrung, höhere Beton-Konsistenzen oder dickere Betondecken als vorgeschrieben. Eventuelle Mehraufwendungen dieser Art dürften durch die angenommene regionale Preisdifferenz für Baustoffe ebenso abgedeckt sein wie zusätzliche Kosten aufgrund unterschiedlicher Baustoffstrukturen.

32) Nicht genau zu bestimmen ist der Einfluß unterschiedlicher Arbeitskosten auf die regionalen Baupreisdifferenzen. Zwar waren die Bruttodurchschnittsverdienste je geleistete Baustellen-Arbeitsstunde im Bauhauptgewerbe in Berlin 1983 um rund 25 vH höher als im Durchschnitt des Bundesgebietes; sie lagen jedoch lediglich um knapp 3 vH über dem Hamburger Niveau (vgl. K. GEPPERT 1984, S. 31) und dürften auch nicht durchgreifend höher sein als in den anderen westdeutschen Ballungsgebieten. Offen bleibt allerdings die Frage, ob es produktivitätsrelevante regionale Unterschiede im Stand der Bautechnik und in der Arbeitsorganisation der Betriebe bzw. in der Qualifikation der Arbeitskräfte gibt. Die Beobachtung, daß die Berliner Bauwirtschaft offensichtlich nicht besonders innovationsfreudig ist, und daß der Anteil der Facharbeiter im Berliner Bauhauptgewerbe - ganz im Unterschied zu dem handwerklich organisierten Ausbaubereich - erheblich niedriger ist als in allen Ballungsgebieten der Bundesrepublik (vgl. die folgende Tabelle), weisen darauf hin, daß die Lohnstückkosten hier vergleichsweise hoch sind.

Anteil der Facharbeiter an allen Arbeitern
im Bauhauptgewerbe Berlins und ausgewählter
westdeutscher Ballungsgebiete 1983 in vH

	Kernstadt	Region
Berlin	62,4	62,4
Hamburg	75,6	73,1
Bremen	71,5	71,2
Hannover	74,0	73,1
Essen/Ruhr Nord	72,8	70,6
Köln/Ruhr Süd	72,7	69,6
Frankfurt	74,0	69,4
Stuttgart	71,3	68,9
München	71,9	70,9
Alle westdeutschen Vergleichsgebiete	73,6	70,7

Quelle: Eigene Berechnungen auf der Basis der Beschäftig-
tenstatistik der Bundesanstalt für Arbeit, Nürnberg.

33) Eine verzögerte technische Entwicklung ist in Berlin auch in anderen Wirt-
schaftsbereichen zu beobachten (zur Industrie vgl. P. RING 1981). Im
Zusammenhang mit Baustoffen kommen zu den generell wirksamen Einfluß-
faktoren die prohibitiv hohen Transportkosten hinzu, die praktisch Marktzutrittsschranken darstellen.

34) Die Frachttarife für den gewerblichen Güterfernverkehr werden bundeseinheit-
lich von einer ausschließlich mit Vertretern des Verkehrsgewerbes besetzten
Kommission beschlossen und vom Bundesminister für Verkehr genehmigt. Die
verladende Wirtschaft hat hierbei lediglich beratende Funktionen. Die Überwachung der Tarifeinhaltung liegt bei der Bundesanstalt für den Güterfernverkehr in Köln.

35) In Berlin selbst werden – der Grubenbilanz des SENATORS FÜR BAU- UND
WOHNUNGSWESEN zufolge – gegenwärtig lediglich 0,3 Mill t Sand jährlich abgebaut. In Anbetracht der angespannten Flächensituation und der daraus
folgenden verschärften Nutzungskonkurrenz kann auch künftig nicht damit gerechnet werden, daß der Markt für Sand und Kies durch Abbau heimischer
Bodenvorkommen spürbar beeinflußt wird. Im Gegenteil: Das in der Konzeption
befindliche Bodenschutzprogramm sieht sogar vor, die Schürfungen einzustellen,
um eine weitere Beeinträchtigung von Boden- und Grundwasserqualität zu verhindern.

36) Daß zumindest die Verlader eine Neufrachtfestsetzung auf noch niedrigerem
Niveau für möglich halten, belegt der Antrag eines niedersächsischen Unterneh-
mens beim Frachtenausschuß Dortmund, die Frachtraten für die gewerbliche
Binnenschiffahrt ab Stationen Mittellandkanal nach Berlin um 40 vH zu senken.
Diese Initiative düfte im übrigen kaum ohne vorherige Abstimmung mit der
Binnenschiffahrt eingeleitet worden sein.

Als Reaktion auf den Antrag hat der Frachtenausschuß Dortmund inzwischen
eine Minus-Marge von 10 vH beschlossen.

37) Die Frachtenbildung in der Binnenschiffahrt ist im Gesetz über den gewerblichen Binnenschiffsverkehr (BinnSchVG) geregelt. Die Entgelte für Verkehrsleistungen werden von regionalen Frachtenausschüssen, die paritätisch mit Vertretern der Binnenschiffahrt und der verladenden Wirtschaft besetzt sind, festgelegt, vom Bundesminister für Verkehr genehmigt und durch Rechtsverordnung bindend. Die Überwachung der Tarifeinhaltung (Frachtenprüfung) liegt bei den Wasser- und Schiffahrtsdirektionen.

Insgesamt sind im Bundesgebiet sechs Frachtenausschüsse - Rhein, Dortmund, Bremen, Hamburg, Regensburg und Berlin - tätig. Die Frachten für den Verkehr zwischen bundesdeutschen Binnenhäfen und Berlin werden im Frachtenausschuß Dortmund beschlossen.

38) Nach Schätzungen des Bundesverbandes der Deutschen Binnenschiffahrt lagen die Kosten für das gesamte Bauwerk Ende der siebziger Jahre bei 300 Mill. DM bis 350 Mill. DM. Unter Berücksichtigung der inzwischen eingetretenen Preissteigerungen dürften mindestens 400 Mill. DM erforderlich sein.

39) Durch eine "problemlose" Verbindung zwischen Berlin und Hamburg könnte die Wettbewerbsposition der Binnenschiffahrt unter Umständen auch dadurch verbessert werden, daß in stärkerem Maße Rücktransporte (zum Beispiel durch Containerfrachten) durchgeführt werden. Zum Problem der Unpaarigkeit der gegenwärtigen Verkehrsströme vgl. auch R. HOPF 1975, S. 20 ff.

40) Eine Erhöhung der Attraktivität des Binnenschiffsverkehrs wäre über das hier behandelte Problem hinaus auch im Hinblick auf die Erhaltung der wasserorientierten Infrastruktur in der Stadt wünschenswert. Untersuchungen von O. HUTER und CH. LANDERER (1984, S. 223) zufolge war der Gütereingang im Schiffsverkehr Anfang der achtziger Jahre mit durchschnittlich 1,2 Mill. t um rund 15 vH niedriger als zu Beginn der siebziger Jahre. Daraus ergeben sich erhebliche Auslastungsprobleme bei den Schiffsumschlagsanlagen der Berliner Hafen- und Lagerhausbetriebe (BEHALA).

41) Gegenwärtig ist der Teltow-Kanal bis zum Hafen Lichterfelde rekonstruiert. Der weitere Ausbau erfolgt in mehreren Stufen; die Strecke zwischen Hafen Lichterfelde und Hafen Steglitz soll Ende 1985 fertiggestellt sein (vgl. Schaubild 8).

42) Die Mindestgröße für eine rentable Fertigung beträgt nach Informationen verschiedener Hersteller bei Ziegeln 120 000 t (das entspricht dem Eineinhalbfachen des gegenwärtigen Absatzes in der Stadt) und bei Gasbeton 80 000 t (das entspricht dem Vierfachen des gegenwärtigen Absatzes in der Stadt).

43) Im Bundesgebiet haben vor kurzem - und in dieser Form wohl erstmals - 20 kleine und mittlere Bauunternehmen eine Einkaufsgesellschaft für Baustoffe (sowie für Maschinen, Geräte usw.) gegründet und zugleich ein Einkaufskartell im Sinne von § 5 b des Gesetzes gegen Wettbewerbsbeschränkungen angemeldet.

Bereits seit Anfang der sechziger Jahre gibt es Einkaufsgenossenschaften der Dachdecker-Betriebe. Gegenwärtig existieren bundesweit 16 derartige Organisationen mit 57 Niederlassungen. In Berlin domiziliert (erst) seit 1982 eine Niederlassung der Einkaufsgenossenschaft Braunschweig.

44) Eine derartige Maßnahme würde die im Jahre 1984 zwischen dem Berliner Senat und der DDR vereinbarte Reduzierung der Verbringungsmenge für die nächsten zehn Jahre gut ergänzen.

Formblatt Modellkalkulation im Bauhauptgewerbe:
Verbrauch und Einkaufspreise ausgewählter Baustoffe des Hochbaus

Baustoff	Einsatzmenge			Einkaufspreis[1] Mitte 1983 (DM/Einheit)
	Objekt A	Objekt B	Objekt C	
Betonstabstahl III K/10 mm				
unbearbeitet	500 t	250 t	125 t	_____
bearbeitet[2]	500 t	250 t	125 t	_____
Baustahlgewebe Q 131 L	60 t	30 t	15 t	_____
Profilstahl NP 14 – 2,0 m	12 t	6 t	3 t	_____
Siebkies 2/32	1000 t	500 t	250 t	_____
Sand gesiebt 0/2	500 t	250 t	125 t	_____
Sand ungesiebt (Mauersand)	200 t	100 t	50 t	_____
Zement PZ 35 F				
gesackt (westdeutsche Ware)	100 t	50 t	25 t	_____
gesackt (DDR-Ware)	100 t	50 t	25 t	_____
lose (westdeutsche Ware)	1000 t	500 t	250 t	_____
lose (DDR-Ware)	1000 t	500 t	250 t	_____
Transportbeton B 25 K3/0–32	2000 cbm	1000 cbm	500 cbm	_____
Mauermörtel[3]	1000 cbm	500 cbm	250 cbm	_____
Putzmörtel[3]	700 cbm	350 cbm	175 cbm	_____
Porotonsteine 6/10 DF Hlz	50 000 St	25 000 St	12 500 St	_____
6/12 DF Hlz	50 000 St	25 000 St	12 500 St	_____
Kalksandsteine KS L 12/3DF	400 000 St	200 000 St	100 000 St	_____
KS L 12/2DF	100 000 St	50 000 St	25 000 St	_____
KS L 20/3DF	100 000 St	50 000 St	25 000 St	_____
Betonschalung 24mm/4,0m	———————————————▶			_____
Schaltafeln Typ K 50/150	———————————————▶			_____
Kantholz 10/10–4,0m	———————————————▶			_____

1) Ohne Mehrwertsteuer, nach Abzug von Rabatten und frei Bau abgeladen.- 2) Geschnitten und ge-
bogen.- 3) Werk-Vormörtel.

Anhang II: Tabellen

Tabelle A1

Kies-Bezüge Berlins nach Herkunftsgebieten
1974 bis 1983

	1974	1975	1976	1977	1978	1979	1980	1981	1982	1983
					1 000 t					
Übriges Bundesgebiet	647	544	379	391	182	99	116	101	105	119
DDR	1 636	1 219	1 555	1 580	1 202	1 375	1 467	1 960	1 724	1 949
Ausland 1)	217	226	348	288	149	87	40	163	126	158
Insgesamt	2 500	1 989	2 282	2 259	1 533	1 561	1 623	2 224	1 955	2 226
					Entwicklung (1974 = 100)					
Übriges Bundesgebiet	100	84	59	60	28	15	18	16	16	18
DDR	100	75	95	97	73	84	90	120	105	119
Ausland 1)	100	104	160	132	69	40	18	75	58	73
Insgesamt	100	80	91	90	61	62	65	89	78	89
					Struktur in vH					
Übriges Bundesgebiet	26	27	17	17	12	6	7	5	5	5
DDR	65	62	68	70	78	88	90	88	89	88
Ausland 1)	9	11	15	13	10	6	3	7	6	7
Insgesamt	100	100	100	100	100	100	100	100	100	100

1) Jeweils mehr als 95 vH aus Polen.
Quellen: Statistisches Landesamt Berlin; Senator für Bau- und Wohnungswesen Berlin; Eigene Schätzungen.

Tabelle A3

Produktion und Bezüge von Zement in Berlin (West)
nach Herkunftsgebieten 1974 bis 1983

	1974	1975	1976	1977	1978	1979	1980	1981	1982	1983
In 1 000 t										
Berlin (West)	68	39	39	36	17	20	15	18	–	–
Übriges Bundesgebiet	450	457	544	448	378	400	365	260	256	301
DDR	238	186	177	142	128	140	125	166	164	159
Ausland	15	19	22	23	28	29	28	33	36	74
Insgesamt	771	701	782	649	551	589	533	477	456	534
Entwicklung (1974 = 100)										
Berlin (West)	100	57	57	53	25	29	22	26	–	–
Übriges Bundesgebiet	100	102	121	99	84	89	81	58	57	67
DDR	100	78	74	60	54	59	53	70	69	67
Ausland	100	127	147	153	187	193	187	220	240	493
Insgesamt	100	91	101	84	71	76	69	62	59	69
Struktur in vH										
Berlin (West)	9	5	5	6	3	3	3	4	–	–
Übriges Bundesgebiet	58	65	70	69	69	68	68	54	56	56
DDR	31	27	23	22	23	24	23	35	36	30
Ausland	2	3	2	3	5	5	6	7	8	14
Insgesamt	100	100	100	100	100	100	100	100	100	100

Quellen: Statistisches Landesamt Berlin; Senator für Wirtschaft und Verkehr, Berlin; Eigene Schätzungen.

Tabelle A2

Sand-Gewinnung [1] und Sand-Bezüge Berlins nach Herkunftsgebieten
1974 bis 1983

	1974	1975	1976	1977	1978	1979	1980	1981	1982	1983
Mill. t [2]										
Berlin (West)	825	821	690	528	369	266	254	254	158	267
DDR	1 167	1 044	1 058	881	902	852	791	803	903	771
Ausland [3]	–	7	–	–	103	221	157	169	127	99
Insgesamt	1 992	1 872	1 748	1 409	1 374	1 339	1 202	1 226	1 188	1 137
Entwicklung (1974 = 100)										
Berlin (West)	100	99	84	64	45	32	31	31	19	32
DDR	100	89	91	75	77	73	68	69	77	66
Ausland [3]	.	.	.	.	.	.	.	.	.	.
Insgesamt	100	94	88	71	69	67	60	62	60	57
Struktur in vH										
Berlin (West)	41	44	39	37	27	20	21	21	13	23
DDR	59	56	61	63	66	64	66	65	76	68
Ausland [3]	–	0	–	–	7	16	13	14	11	9
Insgesamt	100	100	100	100	100	100	100	100	100	100

1) Ohne durch Bauschutt-Absiebung (1983: 1,8 Mill. t) und im Rahmen des Bodenausgleichs (1983: 6 15 000 t) gewonnenes Material.– 2) 1 cbm = 1,5 t.–
3) Polen.
Quellen: Statistisches Landesamt Berlin; Senator für Bau- und Wohnungswesen, Berlin; Eigene Schätzungen.

Literatur

Allgemeine Verwaltungsvorschrift über die umsatzsteuerliche Behandlung des innerdeutschen Waren- und Dienstleistungsverkehrs zwischen den Währungsgebieten der Deutschen Mark und der Mark der Deutschen Demokratischen Republik vom 16. Mai 1973, in: Bundessteuerblatt 1973, Teil I, S. 532-540.

Arndt, Helmut 1974, Wirtschaftliche Macht, München.

Ausführungsvorschriften zur Landeshaushaltsordnung (AV LHO) vom 1. September 1979, in: Senator für Finanzen (Hg.) 1979, Berliner Haushaltsrecht, Berlin.

Batzer, Erich, Josef Lachner, Walter Meyerhöfer und Uwe Chr. Täger 1984, Die Warendistribution in der Bundesrepublik Deutschland; Struktur und Erscheinungsbild, ifo-Studien zu Handels- und Dienstleistungsfragen 24, München.

Batzer, E. und W. Meyerhöfer 1984, Großhandel: Wandel im Struktur- und Leistungsbild, in: ifo-Schnelldienst, Heft 29/84, S. 6-12.

Baustoffüberwachungsverein Nord 1983, Normüberwachte Baustoffe, Hamburg.

Bayerischer Landtag 1980, Anhörung des Ausschusses für Landesentwicklung und Umweltfragen und des Ausschusses für Wirtschaft und Verkehr zum Thema "Probleme des Kiesabbaus", Protokoll 48. LU/54. W/Hearing.

Bithorn, Günter 1983, Entwicklung der Baupreise in Berlin (West) 1970 bis 1982, in: Berliner Statistik, Heft 9/1983, S. 182 - 198.

Boustedt, Olaf 1975, Grundriß der empirischen Regionalforschung, Teil I: Raumstrukturen, Taschenbücher zur Raumplanung, Band 4, Hannover.

Bügler, Gerhard 1970, Zur Entwicklung der Baukosten für Wohngebäude in West-Berlin, in: Berliner Bauwirtschaft, Heft 5/1970.

Büning, H. et al. 1981, Operationale Verfahren der Markt- und Sozialforschung: Datenerhebung und Datenanalyse, Berlin und New York.

Bundeskartellamt 1983, Bericht des Bundeskartellamtes über seine Tätigkeit in den Jahren 1981/1982 sowie über Lage und Entwicklung auf seinem Aufgabengebiet (§ 50 GWB), Drucksache des Deutschen Bundestags, Nr. 10/243.

Bundesminister für Raumordnung, Bauwesen und Städtebau 1982, Gebiete mit oberflächennahen mineralischen Rohstoffen, Bonn.

Bundesminister für Verkehr 1975, Richtlinien für den Straßenoberbau-Standardausführungen-RStO 75, Ausgabe 1975, Köln.

Bundesminister für Verkehr (Hg.) 1983, Verkehr in Zahlen, Bonn.

Bundesministerium für Wirtschaft (Hg.) 1979, Einheimische Rohstoffe - Steine, Erden und Industrieminerale, Bonn.

Bundesverband der Deutschen Mörtelindustrie e.V. 1983, Geschäftsbericht 1982/83, Duisburg.

Bundesverband der Deutschen Transportbetonindustrie e.V. 1983, Geschäftsbericht 1982/83, Duisburg.

Bundesverband der Deutschen Zementindustrie e.V. 1983, Zahlen aus der Zementindustrie, Ausgabe 1983, Köln.

Bundesverband Kalksandsteinindustrie e.V., Jahresberichte, Hannover.

Bundesverband Steine und Erden e.V. 1982, Strukturwandel und Strukturanpassung in der Steine- und Erden-Industrie, Frankfurt, als Manuskript vervielfältigt.

Bundesverband Steine und Erden e.V. 1983, Jahresbericht 1981/82, Frankfurt am Main.

Czarnowski von, Jürgen, Helmut Gutzler, Volker Hoffmann und Volkmar Strauch 1976, Kartelle in der Bauindustrie, in: Technologie und Politik, aktuell-Magazin 5, Reinbeck bei Hamburg.

Der Tagesspiegel, Ausgabe vom 4.5.1984, Artikel: Der siebente Versuch, Berlin.

Dieckmann, Bernhard 1970, Zur Strategie des systematischen internationalen Vergleichs, Stuttgart.

DIN Deutsches Institut für Normung, Normen und Bestimmungen für die Bauwirtschaft.

Dittert, Bernd G. und Richard Haag, Verwendung alternativer Baustoffe, in: Recycling-Wirtschaft, Heft 1/1986, S. 11-16.

Dorstewitz, Ulf-Ekhard 1977, Erforschung, Sicherung und Wiedereingliederung von oberflächennahen Lagerstätten der Steine und Erden, in: Geologisches Jahrbuch (hsg. von der Bundesanstalt für Geowissenschaften und Rohstoffe und den Geologischen Landesämtern der Bundesrepublik Deutschland), Reihe D, Heft 27, S. 5 - 119, Hannover 1977.

Droege, Horst 1985, Tendenzen der bauwirtschaftlichen Entwicklung in Berlin (West) bis zum Jahre 1989, unveröffentlichtes Manuskript des DIW.

Eggert, Peter, Joachim Priem und Eberhard Wettig 1985, Versorgung mit heimischen oberflächennahen mineralischen Rohstoffen, unveröffentlichtes Gutachten des DIW im Auftrage des Bundesministers für Wirtschaft, Bonn.

Ehlermann, Dieter, Siegfried Kupper, Horst Lambrecht, Gerhard Ollig 1978, Handelspartner DDD-Innerdeutsche Wirtschaftsbeziehungen, Schriftenreihe Europäische Wirtschaft, Band 76, Baden-Baden.

Erkelenz, Peter 1978, Das öffentliche Auftragswesen (Bau) in Berlin als Teil staatlicher Wirtschaftspolitik - Betrachtungen und Kritik, in: Öffentliche Auftragsvergabe an Berliner Hersteller. Beiträge zu einem aktuellen Thema, Hg.: Karl-Heinz Seeber und Reimar Steinke, Berlin.

Fachverband Kies und Sand Hessen e.V. 1984, Geschäftsbericht 1983, Darmstadt.

Fleckenstein, Kurt und Klaus Hochstrate 1981, Der Kiesabbau im ökonomisch-ökologischen Interessenkonflikt, Schriftenreihe des Instituts für Regionalwissenschaft der Universität Karlsruhe, Heft Nr. 19.

Forschungsgesellschaft für Straßen- und Verkehrswesen 1983, Technische Lieferbedingungen für Mineralstoffe im Straßenbau (TL Min-StB 83), Ausgabe 1983, Bonn.

Forschungsstelle für den Handel Berlin (FfH) 1980, Lage und Entwicklung des Groß- und Außenhandels in Berlin (West), Berlin.

Gallenkemper, Bernhard 1984, Anfall von Bauschutt und Straßenaufbruch – Überlegungen zur Wirtschaftlichkeit –, in: Recycling International, hsg. von Karl J. Thomé-Kozmiensky, Berlin, S. 966-971.

Gebhard, Armin 1975, Die Ziegelindustrie aus der Sicht der siebziger Jahre, Struktur und Wachstum, Reihe Industrie, Heft 25, Hg.: Ifo-Institut für Wirtschaftsforschung, Berlin-München.

Geppert, Kurt 1984, Die Arbeitnehmereinkommen in Berlin (West) im interregionalen Vergleich; eine Analyse für das Jahr 1983, als Manuskript vervielfältigt.

Gerlach, A. 1973, Der Einfluß von Zuschlägen aus gebrochenen Mineralstoffen auf die Eigenschaften von Zementbeton, in: Die Natursteinindustrie, Heft 11/1973.

Gesetz gegen Wettbewerbsbeschränkungen in der Fassung der Bekanntmachung vom 24. September 1980, in: Bundesgesetzblatt, Jahrgang 1980, Teil I, S. 1761 ff.

Glässer, Ewald und Klaus Vossen 1982, Die Kiessandwirtschaft im Raum Köln – Ein Beitrag zur Rohstoffproblematik, Kölner Forschungen zur Wirtschafts- und Sozialgeographie, Band XXX, Köln.

Gottwald, D. 1981, Die dynamische Theorie der Allokation erschöpfbarer Ressourcen, Göttingen.

Grefermann, Klaus 1981a, Industrie der Steine und Erden. Strukturwandlungen und Entwicklungsperspektiven für die achtziger Jahre, Struktur und Wachstum, Reihe Industrie, Heft 33, Hg.: Ifo-Institut für Wirtschaftsforschung, Berlin-München.

Grefermann, Klaus 1981b, Probleme der Versorgung mit Sand und Kies in Bayern, dargestellt am Beispiel der Region München (14), Untersuchung des Ifo-Instituts für Wirtschaftsforschung, München, als Manuskript vervielfältigt.

Greipl, Erich und Eugen Singer 1978, Analyse der Strukturen und Wettbewerbsverhältnisse auf ausgewählten Märkten des Handels, Berlin und München.

Gutzeit, Axel 1985, Selbsthilfe am Bau – vom Schreckbild zum Konzept, in: Berliner Bauwirtschaft, Heft 19/1985, S. 342 - 344.

Hafemeister, Dieter 1984, Bauschutt-Recycling in Berlin (West), in: Recycling International, hsg. von Karl J. Thomé-Kozmiensky, Berlin, S. 1009-1013.

Heuss, Ernst 1965, Allgemeine Markttheorie, Tübingen-Zürich.

Hopf, Rainer 1975, Die Entwicklung in der Güterverkehrssituation West-Berlins 1970 bis 1980, Sonderhefte des Deutschen Instituts für Wirtschaftsforschung, Nr. 102.

Hübener, Jochen A. 1984a, Perspektiven der regionalen Bautätigkeit, in: Wochenbericht des DIW, Nr. 34/1984, S. 423-430.

Hübener, Jochen A. 1984b, Bauwirtschaft: Produktions- und Beschäftigungsrückgang, in: Wochenbericht des DIW, Nr. 48/1984, S. 572-577.

Huter, Otto und Christoph Landerer 1984, Die Berliner Eigenbetriebe als Instrumente kommunaler Politik, Berlin-Forschung; Bd. 10: Themenbereich Strukturpolitik, Berlin.

Industrie- und Handelskammer zu Berlin 1978, Öffentliche Aufträge. Hinweise für die Praxis und wichtige Vorschriften, Berlin.

Industrie- und Handelskammer zu Berlin 1983, Zum Problem der Auftragsvergabe an auswärtige Bauunternehmen im Berliner Wohnungsbau vor dem Hintergrund der Arbeitsmarktentwicklung des Bauhauptgewerbes, Manuskript.

Industriegewerkschaft Bau-Steine-Erden, Berlin 1983, Bericht des Landesvorstandes über die Situation der Berliner Bauwirtschaft, als Manuskript veröffentlicht.

Industriegewerkschaft Bau-Steine-Erden, Landesverband Berlin (Hg.) ohne Jahrgang, Zum Stand der Diskussion um eine Reform des gegenwärtigen Förderungssystems im sozialen Wohnungsbau, als Manuskript vervielfältigt.

Irrlitz, W. 1976, Die Versorgung des Ballungsraumes Hannover mit Betonkiesen. Wirtschaftsgeologische Untersuchungen im Vorfeld der kommerziellen Nutzung und der Landesplanung, Vortrag 128. Hauptversammlung der Deutschen Geologischen Gesellschaft, Münster.

Kantzenbach, Erhard 1967, Die Funktionsfähigkeit des Wettbewerbs, Göttingen.

Kaufer, Erich 1980, Industrieökonomik. Eine Einführung in die Wettbewerbstheorie, München.

Knechtel, Erhard 1984, Marktdaten zum Fertigteilbau 1965-1983, Hamburg.

Kurz, Rudi und Lothar Rall 1983, Behinderungsmißbrauch. Probleme einer ordnungskonformen Konkretisierung, Schriftenreihe des Instituts für angewandte Wirtschaftsforschung Tübingen, Band 40, Tübingen.

Lahmeyer Ingenieur GmbH 1977, Studien zum Kies- und Sandabbau, Stuttgart.

Landesregierung Schleswig-Holstein 1983, Bericht der Landesregierung über die Nutzungssicherung oberflächennaher Rohstoffe in Schleswig-Holstein, Drucksache des Schleswig-Holsteinischen Landtages, Nr. 9/1741.

Lauschmann, Elisabeth 1976, Grundlagen einer Theorie der Regionalpolitik, Taschenbücher zur Raumplanung, Band 2, Hannover.

Loewenstein, Hans H. 1984, Qualität und Wirtschaftlichkeit von Recycling-Baustoffen im Straßenbau, in: Recycling International, hsg. von Karl J. Thomé-Kozmiensky, Berlin, S. 1004-1008.

Lüttig, G. 1979, Probleme der Lagerstättensicherung, Schriftenreihe Bergbau-Rohstoffe-Energie, Band 17, Essen.

Monopolkommission 1982, Viertes Hauptgutachten der Monopolkommission 1980/1981, Drucksache des Deutschen Bundestages Nr. 9/1982.

Monopolkommission 1984, Ökonomische Kriterien für die Rechtsanwendung. Hauptgutachten 1982/1983, Baden-Baden.

Müller, J. Heinz 1976, Methoden zur regionalen Analyse und Prognose, Taschenbücher zur Raumplanung, Band 1, Hannover.

Niemeyer, Wolfgang 1979, Kalksplittbetone mit guter Verarbeitbarkeit, in: Betonwerk und Fertigteiltechnik, Heft 5/1979.

Niemeyer, Wolfgang 1983, Werk-Frischmörtel, in: Bauwirtschaft, Heft 36/1983, S. 1323-1326.

Oberender, Peter 1984, Die Krise der deutschen Stahlindustrie: Folge öffentlicher Regulierung? Eine markttheoretische Analyse, als Manuskript vervielfältigt.

Pietrzeniuk, Hans-Joachim 1984, Verschärfung der Luftreinhaltung – eine Herausforderung für die Abfallwirtschaft und das Bauwesen, in: Recycling International, hsg. von Karl J. Thomé-Kozmiensy, Berlin, S. 886-891.

Rall, Lothar und Susanne Wied-Nebbeling 1977, Preisbildung auf Märkten mit homogenen Massengütern, Schriftenreihe des Instituts für angewandte Wirtschaftsforschung, Band 30, Tübingen.

Raunhardt, Lieselotte 1983, Gewerblicher Güternahverkehr in Berlin (West). Leistung unter erschwerten Bedingungen, in: Güternahverkehr Nord-West. 12/83.

Rechnungshof von Berlin 1984, Jahresbericht des Rechnungshofs über die Prüfung der Haushalts- und Wirtschaftsführung sowie der Haushaltsrechnung 1982, Mitteilungen des Präsidenten des Abgeordnetenhauses von Berlin, Nr. 209 vom 20.8.1984.

Reitzig, Hans-Jürgen 1979, Steine und Erden-Industrie, Produktion in der, in: Handwörterbuch der Produktionswirtschaft, (Band 7 der Enzyklopädie der Betriebswirtschaftslehre), Sp. 1898-1903.

Reitzig, Hans-Jürgen 1984, Der Baustoffmarkt im Strukturwandel des Baumarktes, in: Bauwirtschaft, Heft 48/1984, S. 1680-1686.

Riedl, Theo M. 1980, Der Nahverkehr mit Steine- und Erden-Gütern 1978, in: Bauwirtschaft, Heft 44/1980, S. 1937f.

Riedl, Theo M. 1981, Details zum Nahverkehr mit Steine- und Erden-Erzeugnissen, in: Bauwirtschaft, Heft 12/1981.

Riedl, Theo M. 1984, Mineralische Basis moderner Baustoffe, in: Der Arbeitgeber, Nr. 2/36, S. 60f.

Ring, Peter 1981, Wertschöpfungsorientierte Umsatzsteuerpräferenz nach dem Berlinförderungsgesetz (BerlinFG). Erfolgskontrolle und Vorschläge zur Weiterentwicklung, Beiträge zur Strukturforschung des DIW, Heft 65.

Ring Deutscher Makler 1985, Preise von Grundstücken und Eigenheimen in deutschen Städten, als Manuskript vervielfältigt.

Rissel, H. 1979, Schiffahrt auf dem Elbe-Lübeck-Kanal, Köln.

Schäffler, Hermann 1983, Baustoffkunde. Aufbau und Technologie, Arten und Eigenschaften, Anwendung und Verarbeitung der Baustoffe, Würzburg.

Schott-Institut Nürnberg (Projektleitung: Klaus Brandt) 1972, Die Zukunft der Berliner Bauwirtschaft, als Manuskript vervielfältigt.

Seidenfus, Hellmuth St. 1984, Allokations- und Distributionsprobleme einer "Deregulierung" im Verkehrssektor der Bundesrepublik Deutschland, in: ifo-Schnelldienst, Heft 31/84, S. 10-21.

Senat von Berlin 1984a, Mitteilung zur Kenntnisnahme über externe Erarbeitung eines Abfallwirtschaftplanes (Abfallwirtschaftsprogramm Berlin), Drucksache des Abgeordnetenhauses von Berlin, Nr. 9/1551 vom 31.01.1984.

Senat von Berlin 1984b, Finanzplanung von Berlin 1984 bis 1987, Berlin.

Senator für Bau- und Wohnungswesen (Hg.) 1984, Berliner Baubilanz '84, Berlin.

Senator für Wirtschaft, Berlin 1980, 14-Punkte-Programm zur Förderung der Arbeitsplätze in Berlin.

Statistisches Bundesamt (Hg.), Kostenstruktur der Unternehmen im Baugewerbe, Fachserie 4, Reihe 5.3 für die Jahre 1975 bis 1982.

Statistisches Bundesamt (Hg.) 1981, Material- und Wareneingang im Baugewerbe 1978, Fachserie 4, Reihe 6.

Statistisches Bundesamt (Hg.) 1983, Preise für Verkehrsleistungen 1982, Fachserie 17, Reihe 9.

Statistisches Landesamt Berlin (Hg.) 1983, Bauhauptgewerbe in Berlin (West), Statistischer Bericht E II1, Berlin.

Statistisches Landesamt Berlin (Hg.) 1983, Handels- und Gaststättenzählung Berlin (West) 1979, Statistischer Bericht G/HGZ 1979-3.

Stegen, Hans-Eckhard 1983, Unternehmen des Großhandels, Ergebnisse der Handels- und Gaststättenzählung 1979, in: Hamburg in Zahlen, Nr. 4/1983, S. 109-115, Hamburg.

Stein, Volker und andere 1981, Begründung für die Ausweisung von Gebieten besonderer Bedeutung und von Vorranggebieten für die Rohstoffgewinnung in Niedersachsen, Niedersächsisches Landesamt für Bodenforschung, Hannover.

Stoerb, C. 1981, Preis- und Kapazitätsregulierungen in der Binnenschiffahrt -- dargestellt am Beispiel des Baustoffverkehrs ab Oberrhein, Köln.

Titzmann, Hans. F. 1985, Die Investitionstätigkeit des verarbeitenden Gewerbes in Berlin (West) 1983 und 1984 sowie die Pläne für 1985, in: Wochenbericht des DIW, Nr. 27/85, S. 316 - 319.

Verein Deutscher Zementwerke 1984, Zement-Taschenbuch, 48. Ausgabe, Wiesbaden-Berlin.

Vossen, Klaus 1984, Die Kiessandwirtschaft Nordwesteuropas unter Berücksichtigung der Rohstoffsicherung und deren Anwendung in Raumordnungsplänen, Kölner Forschungen zur Wirtschafts- und Sozialgeographie, Band XXXI, Köln.

Vouillème, Egon 1984, Finanzierungsmodell für einen gemeinnützigen sozialen Wohnungsbau, in: Bauhandbuch 1984, Berlin.

Wagener, K. 1979, Ein Modell der Preisbildung in der Zementindustrie, Bielefeld.

Wied-Nebbeling, Susanne 1984, Das Preisverhalten der Unternehmen aus der Sicht der angewandten Wirtschaftsforschung, in: Mitteilungen des Instituts für angewandte Wirtschaftsforschung Tübingen, Jahrgang 12, Nr. 3, S. 123 - 135.

Willeke, R., H. Baum und W. Hoener 1978, Wettbewerbswirkungen unterschiedlicher Frachtenbildungssysteme in der Binnenschiffahrt. Der Fall Oberrhein, Buchreihe des Instituts für Verkehrswissenschaft an der Universität zu Köln, Nr. 38, Düsseldorf.

Wirtschaftsverband Steine und Erden Baden-Württemberg (Hg.) 1976, Kies, Sand und Edelsplitt aus Baden-Württemberg, Stuttgart.

Wittke, Franz 1982, Absatzmöglichkeiten von Gips aus Rauchgasentschwefelungsanlagen in Berliner Kraftwerken, unveröffentlichtes Gutachten des DIW, Berlin.

Wohnungsbau-Kreditanstalt Berlin 1984, Geschäftsbericht für das Geschäftsjahr 1983, Berlin.

Zimmermann, Klaus F. 1984, Innovationsaktivität, Preisinflexibilität, Nachfragedruck und Marktstruktur, unveröffentlichtes Manuskript.